Viaggio nel Nuovo Cinema Italiano

M. Continanza - P. Diadori

edizioni
La Certosa

© Copyright edizioni **La Certosa,** 1997
Solomou 34 - 10682 Atene - Grecia, tel.: 01 - 3813986, fax.: 01 - 3847592
p.zza Baldinucci, 8/R 50129 Firenze - Italia tel. e fax.: 055/476644

I.S.B.N. 960-7494-05-9

I edizione: Luglio 1997

Responsabile redazione: *Manu Labrini*

Progetto grafico - disegni: Marianna Poga

Copertina: *Nikos Gravaris*

L'editore è a disposizione degli aventi diritto con i quali non è stato possibile comunicare, nonché per eventuali omissioni o inesattezze nella citazione delle fonti.

VIAGGIO NEL NUOVO CINEMA ITALIANO è un libro sul cinema e per l'insegnamento della lingua italiana attraverso il cinema.

Si tratta di una raccolta di 14 sequenze tratte da alcuni dei film italiani più rappresentativi del cinema contemporaneo, accompagnate da una scheda informativa sul film e sul regista, da una breve critica cinematografica, dalla trascrizione dei dialoghi e da una sezione contenente una serie di attività didattiche da utilizzare in classe o in autoapprendimento.

I film selezionati (per le loro tematiche e per il tipo di lingua usata), così come le attività didattiche proposte, sono adeguati ad un pubblico di adulti, con conoscenze medio-alte della lingua e cultura italiana.

Il volume è accompagnato da una videocassetta contenente le sequenze analizzate e da una guida per l'insegnante e per lo studente in autoapprendimento.

L'articolazione e l'impianto metodologico del volume sono frutto del lavoro di due autrici. Marcella Continanza ha curato la "Prefazione", la selezione delle scene e la loro trascrizione, la presentazione dei registi e dei film, la critica e l'appendice dedicata al vocabolario cinematografico.

Pierangela Diadori ha curato l'"Introduzione", le attività didattiche realizzate sulle scene di ogni film e lo schema riassuntivo relativo ai contenuti linguistici e culturali.

I commenti cinematografici sono opera dei seguenti critici e scrittori:

- **Giuseppe Conte** (*Mediterraneo*)
- **Marcella Continanza** (*Un'anima divisa in due, Il toro, Nel continente nero, Ladri di saponette*)
- **Pierluigi Fiorenza** (*Johnny Stecchino, La scorta*)
- **Antonio Ghirelli** (*L'amore molesto*)
- **Roberto Giardina** (*Il portaborse, Verso sud*)
- **Gina Lagorio** (*Il grande cocomero*)
- **Alberto Longatti** (*Il ladro di bambini, Nuovo Cinema Paradiso*)
- **Matilde Lucchini** (*Belle al bar*)

Un ringraziamento a Antonella Berta e Daria Leuzzi per l'aiuto redazionale e a Pazit Barki Coricelli per la sperimentazione delle attività didattiche in classi di lingua e cultura italiana per stranieri.

Marcella Continanza

Marcella Continanza è nata a Roccanova (PZ).
Vive in Germania a Francoforte sul Meno.
È giornalista. Tra le sue opere di narrativa *Le oblique magie* (Milano 1980), *Il giorno Pellegrino* (Milano 1982). Ha fondato e diretto il mensile di cinema *Vietato Fumare - Tutto cinema e dintorni* (DO - SOUL, Milano 1984). Ha inoltre curato due antologie *Venezia come* (Milano 1981) e *Immagini d'Italia* (Frankfurt am Main 1994) e redatto una guida turistica *Cartolina da Francoforte* (Frankfurt am Main 1992). Tra le sue opere di poesia *Piume d'angeli* (Frankfurt am Main 1996), *Rose notturne* (Frankfurt am Main 1997).

Pierangela Diadori

Pierangela Diadori è ricercatrice di linguistica italiana e docente di glottodidattica presso l'Università per Stranieri di Siena, dove ha insegnato per molti anni italiano nei corsi di lingua e cultura italiana per stranieri. Si occupa di sociolinguistica, di didattica multimediale, della lingua dei mass-media (nel 1994 ha pubblicato *L'italiano televisivo*, Bonacci Editore, Roma) e della formazione dei docenti. Dal 1996 è Responsabile Scientifico della Certificazione di Competenza in Didattica dell'Italiano a Stranieri (DITALS).

INDICE

	Pag.
Prefazione di Marcella Continanza	8
Introduzione di Pierangela Diadori	8
1. IL LADRO DI BAMBINI, di Gianni Amelio (1992)	13
2. L'AMORE MOLESTO, di Mario Martone (1995)	23
3. IL PORTABORSE, di Daniele Luchetti (1990)	33
4. UN'ANIMA DIVISA IN DUE, di Silvio Soldini (1993)	45
5. IL GRANDE COCOMERO, di Francesca Archibugi (1993)	55
6. IL TORO, di Carlo Mazzacurati (1994)	65
7. JOHNNY STECCHINO, di Roberto Benigni (1991)	75
8. NEL CONTINENTE NERO, di Marco Risi (1992)	87
9. BELLE AL BAR, di Alessandro Benvenuti (1994)	97
10. MEDITERRANEO, di Gabriele Salvatores (1990)	107
11. NUOVO CINEMA PARADISO, di Giuseppe Tornatore (1988)	117
12. LA SCORTA, di Ricky Tognazzi (1993)	127
13. VERSO SUD, di Pasquale Pozzessere (1992)	139
14. LADRI DI SAPONETTE, di Maurizio Nichetti (1989)	149
Vocabolario cinematografico	159
Schema riassuntivo dei contenuti linguistici e culturali	169

PREFAZIONE

Il viaggio come simbolo. I film come un "road movie": *Il ladro di bambini*, *Un'anima divisa in due*, *Il toro*, *Nel continente nero*, ad esempio, ma che risparmiano al pubblico troppo facilmente le seduzioni paesaggistiche.

Lungo le strade lo squallore di un'Italia mediocre, violenta, nel suo vuoto costruito da certi politici: un'Italia in transizione. Ma anche il viaggio come scoperta di se stessi e come presa di coscienza di una condizione umana nei film di questi registi già famosi in Europa e in America. Quasi tutti hanno scelto la "questione civile" come punto di riferimento del proprio far cinema.

Sono registi giovani, non solo, non tutti per età anagrafica ma per la vitalità del loro cinema che ha idee, che crea dibattiti, dà ancora emozioni o rabbia. Un cinema che fa tornare alla memoria il nostro Rinascimento cinematografico: il neorealismo, anche se altri tempi maturano che ad altre realtà conducono.

Questa antologia vuole anche essere un omaggio, un riconoscimento al loro cinema.

Marcella Continanza

INTRODUZIONE

Viaggio nel nuovo cinema italiano può costituire un supporto sia per chi desidera approfondire le proprie conoscenze della lingua e cultura italiana in autoapprendimento, sia per chi impara l'italiano in una classe di lingua.
Il corso si articola in tre strumenti di lavoro:
1. Il *Libro per lo studente*
2. La *Guida per l'insegnante e per lo studente in autoapprendimento*
3. La videocassetta contenente le scene selezionate dei 14 film.

1. Il *Libro per lo studente*

Il *Libro per lo studente* è organizzato in 14 capitoli, dedicati ciascuno ad un film di un regista italiano diverso, fra i più rappresentativi della produzione cinematografica italiana degli anni Novanta, che offrono una panoramica delle nuove correnti cinematografiche e dello stile di recitazione di alcuni attori molto famosi. I film selezionati (per le loro tematiche e per il tipo di lingua usata), così come le attività didattiche proposte in questo volume, sono adeguati ad un pubblico di adulti, con conoscenze medio-alte della lingua e cultura italiana.

1.1 Le immagini.
In ogni capitolo sono inserite alcune immagini di ambienti o personaggi relativi alle scene selezionate, per permettere allo studente di fare ipotesi sulla vicenda, e all'insegnante di dare inizio all'attivazione

del lessico e all'elaborazione delle preconoscenze indispensabili per procedere al lavoro sulla sequenza e sull'intero film.

1.2 L'introduzione cinematografica al film e al regista.
Ogni film viene illustrato nei suoi aspetti cinematografici fondamentali, con una breve biofilmografia del regista con essenziali informazioni relative al cast e alla trama, e con una scheda di critica a firma di un esperto di cinema.

1.3 La sceneggiatura della sequenza.
Segue la sceneggiatura completa delle scene selezionate, tratte da uno o più punti del film, di cui viene fornito il minutaggio, la trascrizione dei dialoghi e alcune indicazioni essenziali sull'ambiente, l'azione, i personaggi.

1.4 La valutazione della sequenza dal punto di vista linguistico e didattico.
Ogni sequenza viene valutata in base ad alcuni parametri fondamentali dal punto di vista glottodidattico:
- varietà linguistiche dei diversi personaggi (dialetto, varietà regionali, italiano standard);
- relazione fra sonoro e immagini: può trattarsi di un rapporto ridondante (se le parole descrivono esattamente le immagini), complementare (se le parole completano il messaggio visivo), parallelo (se le parole sono indipendenti dalle immagini) o contrario (se le parole esprimono un contenuto che viene contraddetto dalle immagini);
- difficoltà di comprensione, determinata in base alla qualità del sonoro, alla presenza di varietà regionali più o meno marcate, alla velocità di dizione, al rapporto fra sonoro e immagini, ai riferimenti a fatti non deducibili immediatamente dalla sequenza isolata (* = medio-bassa, ** = media, *** = medio- alta).

1.5 Le attività didattiche sulle scene selezionate e sull'intero film.
Ogni capitolo è completato da una serie di attività didattiche basate sulla sequenza selezionata, pensate per un utilizzo di 4-5 ore in classe, o di 2-3 ore in autoapprendimento.
Lo schema è quello del percorso iniziale dell'unità didattica: dalla fase di motivazione incentrata sulla formulazione di ipotesi e sull'attivazione delle preconoscenze, alla globalità che si focalizza sulla comprensione, all'analisi di alcune componenti linguistiche e socioculturali della sequenza, alla sintesi che punta al fissaggio dei tratti analizzati e al loro reimpiego creativo. Seguono alcuni spunti per la riflessione sui contenuti linguistici e culturali del filmato, e alcune domande di comprensione sull'intero film: uno stimolo per passare dall'esame dettagliato di una singola sequenza alla visione e l'ascolto "estensivo" dell'opera cinematografica nel suo insieme.
Le attività didattiche proposte possono essere svolte disponendo della sola sceneggiatura scritta delle sequenze, di questa e delle sequenze videoregistrate, o anche dell'intero film (solo in quest'ultimo caso, però, sarà possibile realizzare tutta la sezione didattica).
Alcune delle attività sono indicate anche per lo studio individuale e sono contrassegnate da un solo punto (•), altre, invece, contrassegnate da due punti (••), possono essere realizzate preferibilmente a coppia o in gruppo, sotto la guida dell'insegnante.

1.6 Vocabolario cinematografico.
Questo vocabolario, contenente le espressioni più comuni relative alle tecniche di ripresa cinematografica, è uno strumento indispensabile per capire le sceneggiature e il commento ai film.

1.7 Schema riassuntivo relativo ai contenuti linguistici e culturali.
A conclusione del volume è stato inserito uno schema riassuntivo che fornisce, per ogni film, un'indicazione sintetica sui seguenti contenuti linguistici e culturali:
- difficoltà di comprensione;
- varietà linguistiche dei personaggi presenti nelle scene selezionate;
- contenuti nozionali-funzionali relativi agli atti comunicativi utilizzati nel dialogo;
- contenuti grammaticali che emergono dal dialogo;
- aree lessicali;
- contenuti culturali relativi al dialogo e alle componenti visive delle scene.

2. La *Guida per l'insegnante e per lo studente in autoapprendimento*

Qui l'insegnante o lo studente in autoapprendimento troveranno una serie di strumenti di lavoro per rendere ottimale lo sfruttamento del *Libro per lo studente*:

2.1 L'uso del cinema nell'insegnamento e nell'apprendimento dell'italiano a stranieri.
Questa introduzione al cinema italiano degli anni Novanta, con osservazioni di tipo cinematografico, linguistico e didattico, vuole mettere in luce le caratteristiche fondamentali di questo genere audiovisivo, oltre a fornire idee ed esempi pratici per utilizzarlo in maniera ottimale nell'insegnamento/apprendimento della lingua e cultura italiana da parte di stranieri.

2.2 Approfondimenti linguistici.
Alcuni approfondimenti sugli aspetti linguistici più importanti, emersi dall'analisi delle scene filmate, permetteranno all'insegnante e allo studente in autoapprendimento ulteriori riflessioni di tipo grammaticale e sociolinguistico.

2.3 Soluzioni delle attività didattiche.
In questa sezione sono raccolte le soluzioni delle domande a risposta chiusa contenute nelle sezioni didattiche del *Libro per lo studente*, per permettere un controllo delle proprie risposte anche a chi lavora in autoapprendimento e per fornire un aiuto al docente di lingua che utilizza questo materiale in classe. Non sono state invece fornite soluzioni per le attività che prevedono un lavoro a coppie o di gruppo (discussione, formulazione di ipotesi, role-play, ecc.), da realizzare sotto il controllo diretto del docente di lingua.

3. La videocassetta contenente le scene selezionate dei 14 film

La *Guida* è accompagnata da una videocassetta contenente le scene dei 14 film su cui si basa questo lavoro. Il docente di lingua, o lo studente in autoapprendimento, che dispongono dell'intero film potranno realizzare anche l'ultima serie di attività didattiche previste in ogni capitolo: il lavoro intensivo su una sequenza sarà servito in tal caso come un primo approccio ad una visione dell'opera per intero, di cui verranno meglio compresi sia i dialoghi, sia gli aspetti culturali e cinematografici.

Pierangela Diadori

LEGENDA:

Corsivo: le parole in corsivo nella sceneggiatura indicano gli ambienti, i movimenti dei personaggi e le componenti non verbali dell'azione.

Sottolineato: le parole sottolineate nella sceneggiatura indicano espressioni non italiane (dialetto, lingua straniera).

MAIUSCOLETTO: le parole in maiuscoletto nella sceneggiatura indicano il nome dei personaggi.

(...): i tre puntini fra parentesi indicano che la scena selezionata è preceduta da altre scene non trascritte.

* : un asterisco indica che le scene selezionate presentano una difficoltà di comprensione di livello medio-basso.

** : due asterischi indicano che le scene selezionate presentano una difficoltà di comprensione di livello medio.

*** : tre asterischi indicano che le scene selezionate presentano una difficoltà di comprensione di livello medio-alto.

• : un puntino indica che l'attività didattica proposta è adatta al lavoro individuale.

•• : due puntini indicano che l'attività didattica proposta è adatta al lavoro a coppie o di gruppo.

capitolo
1

IL LADRO DI BAMBINI
di *Gianni Amelio*

GRAN PREMIO SPECIALE DELLA GIURIA
AL 45° FESTIVAL INTERNAZIONALE DEL FILM DI CANNES

ANGELO RIZZOLI
PRESENTA

- VINCITORE DI 7 PREMI
  DAVID DI DONATELLO
- VINCITORE DI 2 GLOBI D'ORO
- PREMIO FELIX 1992

il ladro di bambini

UN FILM DI
GIANNI AMELIO

UN' ESCLUSIVA

PARADE

capitolo 1

IL LADRO DI BAMBINI, di *Gianni Amelio*

Biofilmografia

Regista: Gianni Amelio.
Nato a San Pietro Magisano (Catanzaro) nel 1945. Si diploma al Liceo Classico di Catanzaro e si iscrive alla Facoltà di Filosofia dell'Università di Messina. Entra a far parte del mondo del cinema con la rivista "Giovane critica" e nel '65 è assistente alla regia e segretario di edizione del regista Vittorio De Seta nel film *Un uomo a metà*.
Dal '66 lavora come aiuto regista.
Suo film d'esordio *La fine del gioco* (1970), nato come produzione televisiva come i suoi film seguenti: *La città del sole* (1973), *Bertolucci secondo il cinema* (documentario, 1976), *La morte al lavoro* (1978), *Il piccolo Archimede* (1979), *Colpire al cuore* (1982) che segna l'esordio nel circuito cinematografico, *I velieri* (1983), *La cinepresa di Gianni Amelio* (1984-85) una serie di cortometraggi televisivi, *I ragazzi di via Panisperna* (1988), *Porte aperte* (1990), *Il ladro di bambini* (1992), *Lamerica* (1994).

Film

IL LADRO DI BAMBINI (1992)
Un carabiniere calabrese, Antonio, deve scortare una ragazzina di undici anni, Rosetta, prostituita dalla mamma, e il fratellino Luciano di nove anni da Milano a un istituto di Civitavecchia. Al rifiuto dell'istituto di accogliere i due ragazzi, inizia l'odissea del viaggio dei tre fino in Sicilia. Antonio comincia a parlare con i ragazzini, capisce la dura malinconia della bambina, la solitudine del piccolino malato di asma e di paure. Le cose che vedono, le emozioni che sentono mutano i loro rapporti all'inizio ostili e alla fine si rinsalda il legame tra fratello e sorella.

Cast

Regia: Gianni Amelio
Aiuto regista: Marco Turco
Assistente alla regia e collaborazione ai dialoghi: Giorgia Cecere
Sceneggiatura: Gianni Amelio, Sandro Petraglia, Stefano Rulli
Interpreti: Enrico Lo Verso, Valentina Scalici, Giuseppe Ieracitano, Florence Darel, Marina Golovine, Fabio Alessandrini, Agostino Zumbo, Vincenzo Peluso, Santo Santonocito, Vitalba Andrea, Massimo De Lorenzo, Celeste Brancato, Renato Carpentieri, Maria Pia Di Giovanni, Lello Serao, Antonino Vittorioso

Fotografia: Tonino Nardi, Renato Tafuri
Scenografia: Andrea Crisanti
Arredamento: Giuseppe M. Gaudino
Costumi: Gianna Gissi, Luciano Morosetti
Montaggio: Simona Paggi
Musiche: Franco Piersanti
Produttore RAI: Stefano Munafò
Produttore esecutivo: Enzo Porcelli
Produzione: Angelo Rizzoli in coproduzione con Arena Films (Parigi) - Vega Film (Zurigo)
Distribuzione: Darc, Italia 1992
Distribuzione internazionale: SACIS
Durata: 112 minuti

IL LADRO DI BAMBINI, di *Gianni Amelio*

Commento

Un giovane carabiniere calabrese accompagna all'orfanotrofio due bambini, reduci da una triste esperienza familiare: un viaggio a tre, prima ostili, poi affratellati dalla reciproca comprensione, attraverso un'Italia povera e depressa, dove i più deboli e gli innocenti soccombono nella lotta per la vita. Contro gli egoismi di una società distratta, l'insensibilità delle istituzioni, gli opportunismi di quanti hanno raggiunto un precario benessere, la cecità e il cinismo dei rozzi, degli ignavi, degli abbruttiti dalla fatica quotidiana, il giovane protagonista si fa scudo della sua sanità morale, della sua onesta concezione della solidarietà fra gli esseri umani.

Il film è costruito come un paziente mosaico di gesti e di atteggiamenti, senza sottolineature: un "minimalismo" che si ispira in parte alla lezione del neorealismo rosselliniano, muovendo con cautela la macchina da presa, inquadrando con sobrietà un paesaggio dai toni spenti, riducendo all'essenziale il dialogo. Un film, insomma, di silenzi più che di parole, di situazioni più che di eventi, che procede con lenta consapevolezza verso una conclusione provvisoria, non risolutiva, ma comunque tenuamente illuminata da un barlume di speranza per un mondo meno "brutto" dell'attuale, riscattato dalla pietà.

La ricchezza di motivazioni ideali e sentimentali conferisce un adeguato rilievo al disegno psicologico dei personaggi, ma non è sufficiente a rendere pienamente credibile e spiegabile il desolato scenario di un Sud che sembra oppresso da una condanna millenaria.

Alberto Longatti

Dialogo

I scena (2:10)
Strada sul lungomare - Esterno giorno

Sull'asfalto che diventa subito sabbia, passa un gruppo di turisti in bicicletta e si allontana. Arriva la vettura di Antonio con i bambini a bordo. Si ferma dopo un camioncino di bibite. Da un altoparlante le note di una canzone ("Maschi", di Gianna Nannini).

ANTONIO *(Tirando il freno a mano)* Io c'ho sete, e voi?...

(Nessuna risposta) Volete bere qualcosa?... *(A Rosetta)* Un'aranciata la vuoi?

Rosetta fa cenno di no con la testa.

ANTONIO *(Ad entrambi)* Una limonata, un chinotto? *(Apre lo sportello)* Io mi prendo dell'acqua fresca. *(Chiude lo sportello)* A voi che vi prendo? Dai ... *(a Luciano)* Le patatine?

Luciano annuisce.

ANTONIO *(Soddisfatto)* Le patatine! ... *(si allontana).*

Luciano si volta a guardarlo.

Rosetta esce dalla macchina e fa qualche passo oltre la macchina di Antonio che ha una parte

IL LADRO DI BAMBINI, di *Gianni Amelio*

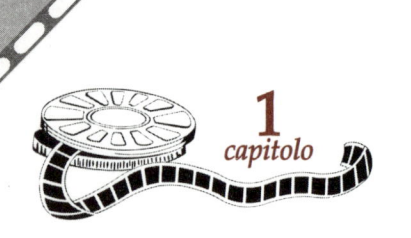

della carrozzeria di un altro colore.
Davanti a Rosetta, dopo un'ampia fascia di sabbia, il mare. La bambina si ferma a guardarlo. Non c'è nessuno.
Dal lunotto, Luciano guarda ancora verso Antonio. Poi scende dalla macchina, rimanendo nei pressi. Già lontana da lui, Rosetta si è incamminata verso il mare.
Antonio ha comprato una bottiglia d'acqua e un sacchetto di patatine; ritorna verso la macchina. Guarda...
... Rosetta corre, prossima ormai al mare.

LUCIANO Quella scappa sempre. La devi chiamare.

ANTONIO *(Dandogli la bottiglia e la confezione di patatine)* Senti, porta<u>ci</u> queste, dai!

Luciano oppone una piccola resistenza.

ANTONIO Adesso vengo <u>pure</u> io, dai. Ci fermiamo dieci minuti. Va', te lo dico io. Va'.

Luciano si avvia.
Antonio guarda l'orologio, poi chiude il finestrino.

II scena (2:20)
Spiaggia - Esterno giorno

Luciano cammina piano sulla sabbia. Lontano, dietro di lui, s'intravede un centro abitato degradante verso il mare.
Il bambino si ferma sulla battigia, in piedi, dove c'è Rosetta con i capelli bagnati di acqua di mare. Rosetta si passa le mani tra i capelli.
Ha tutta l'aria di voler stare sola.
Luciano rimane a distanza.
Antonio sta arrivando alle loro spalle con gli zainetti.
Rosetta si gira, guarda per un attimo il fratello; poi si avvia sulla battigia. Raccoglie qualcosa. La ributta in acqua, riprendendo a camminare.
Luciano si è seduto sulla spiaggia e sta mangiando le patatine. Antonio si siede vicino a lui.
Entrambi guardano in direzione di Rosetta.

ANTONIO Me le dai due patatine?

Luciano gli porge il sacchetto. Antonio ne prende un po'.

LUCIANO Ma dove va?

ANTONIO Lasciamola tranquilla ... Stanotte non ha dormito.

LUCIANO Io <u>manco</u> ho dormito!

ANTONIO Com'è? Non ti sentivi bene?

LUCIANO C'era lei che piangeva.

... Ecco Rosetta camminare nell'acqua che le arriva alle caviglie, giocare con i piedi tra le onde ...

ANTONIO L'aria è buona, qua. *(Togliendosi il giubbotto)* L'aria di mare fa bene all'asma. Respira! Fa' un bel respiro forte. *(Lo fa lui per primo, sorridendo al bambino; poi togliendosi le scarpe)* Nell'istituto dove vi porto, c'è il mare vicino. Quest'estate chissà come ti diverti! ... Chissà i bagni che ti fai! ...

LUCIANO <u>Mi spagnu.</u>

ANTONIO Che dici?

LUCIANO Non so nuotare.

III scena (2:20)
Mare e spiaggia - Esterno giorno

Dall'acqua emerge la testa di Antonio. Il ragazzo sta reggendo Luciano per le ascelle.

ANTONIO E forza, dai! Dai, forza! Su, batti i

IL LADRO DI BAMBINI, di *Gianni Amelio*

piedi. Dai! Dai, ecco! Hai visto! Batti. Bene, così. Dai, ora ti lascio solo. Vai tranquillo, dai. Batti!

Luciano, senza l'aiuto di Antonio, va a finire sott'acqua. Antonio lo aiuta a ritornare in superficie.

LUCIANO È fredda.

ANTONIO Tu batti i piedi e guarda che ti riscaldi. Dai, forza! Batti. (*Gli mostra come deve muovere le braccia*) Batti forte! Batti... Batti così....

Rosetta li osserva dalla riva, lontani da lei, in mezzo al mare. L'acqua le sfiora le caviglie.

ANTONIO (*A Luciano*) Vuoi fare una nuotata?

Luciano fa segno di sì con la testa.

ANTONIO Vorresti fare una nuotata anche se non sai nuotare? (*Gli fa una carezza, sorridendo*) Dai, sali ... sulle spalle ...

Luciano esegue.

ANTONIO Sei pronto? ... Al galoppo!

Con Luciano aggrappato al collo, Antonio comincia a nuotare a rana.

Rosetta li osserva. I capelli bagnati e spettinati sulla fronte.

Ancora Antonio e Luciano. Prendono il largo.

Rosetta raccoglie il suo zaino e quello del fratello. Avanza sulla sabbia, poi si lascia cadere. Prende qualcosa dallo zaino di Luciano: è la fotografia di Antonio da piccolo vestito da Zorro.

Rosetta sorride. Un vento leggero le spettina i capelli.

Antonio si carica Luciano a cavalcioni sulle spalle e avanza verso la riva.

Rosetta sorride ancora.

ROSETTA (*Vedendo che stanno tornando, a voce alta*) Ho fame!

capitolo 1

IL LADRO DI BAMBINI, di *Gianni Amelio*

IL LADRO DI BAMBINI, di *Gianni Amelio*

1 *capitolo*

ATTIVITÀ DIDATTICHE

Durata della sequenza: I scena 2:10 - II scena 2:20 - III scena 2:20
Personaggi: Antonio (varietà meridionale), Rosetta (varietà meridionale), Luciano (varietà meridionale e dialetto).
Relazione sonoro/immagini: complementare, parallela
Difficoltà di comprensione: ✽

1 Motivazione

a. • Immaginate di essere in vacanza al mare: scrivete le prime parole italiane che vi vengono in mente per descrivere tutto ciò che si può vedere, fare o mangiare sulla spiaggia.

b. •• Siete mai stati al mare in Italia? Raccontate brevemente a un compagno o al resto della classe dove e quando si è svolta questa vacanza, come era la regione e che tipo di esperienze avete avuto.

c. •• Visione della I scena senza sonoro. Formate delle coppie: in ogni coppia uno tiene gli occhi chiusi, mentre l'altro ha il compito di guardare le immagini mute e descrivere quello che vede sussurrando in un orecchio al compagno. Al termine della visione, uno degli studenti che avevano gli occhi chiusi riferirà alla classe quello che ha capito dalle parole del compagno.

2 Globalità

a. • Guardate ora le tre scene cercando solo di trovare nel dialogo le informazioni necessarie a decidere se queste affermazioni sono vere o false (e correggete poi quelle false):

	Vero	Falso
a. L'uomo e i due bambini sono finalmente arrivati al mare	❏	❏
b. La bambina quella notte ha pianto	❏	❏
c. I bambini andranno in un istituto vicino al mare	❏	❏
d. L'acqua del mare è calda.	❏	❏

3 Analisi

a. • Antonio usa delle espressioni della lingua parlata di registro informale ("ci" + verbo avere, ripresa pronominale): scrivete a fianco di ciascuna la frase corrispondente in un italiano più "neutro".

- Io c'ho sete _____

19

IL LADRO DI BAMBINI, di *Gianni Amelio*

- Un'aranciata la vuoi? _____
- A voi che vi prendo? _____
- Me le dai due patatine? _____

b. • Oltre all'intonazione e alla pronuncia dei tre protagonisti, anche certe parole che usano dimostrano la loro provenienza dall'Italia meridionale. Quali? Sottolineate le espressioni regionali.

- Adesso vengo   *pure io* / *anche io*
- *Io manco* / *Neanche io* / *Neppure io* / *Nemmeno io* ho dormito
- *Portaci* / *Portale* queste (a lei)

c. • Quali fra queste espressioni sono usate per "invitare qualcuno a fare qualcosa"?

❏ e forza   ❏ ahimè   ❏ eh   ❏ coraggio   ❏ ah   ❏ ohi
❏ dai   ❏ ih   ❏ fuori ❏ su   ❏ meno male ❏ presto

d. • Collegate queste battute di Antonio con l'atto comunicativo corrispondente, in base allo scopo che hanno nella sequenza:

Volete bere qualcosa?
Ma dove va?
Lasciamola tranquilla.   - chiedere per sapere
Non ti sentivi bene?   - invitare a fare qualcosa
Fa' un bel respiro forte.   - ordinare di fare qualcosa
Batti i piedi.   - offrire qualcosa
Vai tranquillo.
Vuoi fare una nuotata?
Vorresti fare una nuotata?

e. • Cercate nella sceneggiatura tutte le forme verbali all'imperativo e completate poi questa tabella:

INFINITO	IMPERATIVO		
	II pers. sing. **tu**	III pers. sing. **Lei**	II pers. plur. **voi**
andare	va'	vada	
dare			
lasciare			
fare			
battere			
salire			

IL LADRO DI BAMBINI, di *Gianni Amelio*

f. • Completate questa tabella relativa a tre aree semantiche affrontate dalla sequenza con i vocaboli contenuti nelle battute dei personaggi (ascoltando di nuovo solo il sonoro). Poi leggete tutta la sceneggiatura della sequenza per controllare le vostre risposte e aggiungere altre parole che conoscete per ognuno dei tre argomenti (mare, cibo, mezzi di trasporto).

MARE	CIBO	MEZZI DI TRASPORTO

4 Sintesi

a. •• Discutete a coppie sulle emozioni e il carattere dei tre personaggi e cercate di immaginare i loro pensieri. Poi guardate di nuovo la sequenza prendendo nota delle parole o delle immagini che spiegano le vostre ipotesi.

b. • Completate queste frasi in base alle informazioni che trovate nelle tre scene, nella trama e nel commento al film:

Rosetta la notte prima piangeva perché _____
_____

Antonio dice a Luciano di respirare a pieni polmoni perché _____
_____

c. • Immaginate di essere uno dei tre protagonisti e scrivete in prima persona l'esperienza di quei pochi minuti trascorsi sulla spiaggia (illustrando soprattutto la scena e gli stati d'animo).

d. •• Lavoro a coppie o di gruppo: rivedendo la scena senza sonoro riscrivete un altro possibile dialogo fra i protagonisti.

capitolo 1

IL LADRO DI BAMBINI, di *Gianni Amelio*

e. • Fermate l'immagine sul fotogramma in cui la bambina guarda la foto: chi raffigura, e perché lei sorride?

f. •• Discutete a coppie sulla scelta della canzone *Maschi* di Gianna Nannini, cantante rock italiana famosa negli anni Ottanta-Novanta, come colonna sonora della I scena (riascoltando possibilmente il sonoro per capire le parole della canzone).

5 Spunti per la riflessione

- Varietà calabrese (pronuncia, intonazione, lessico)
- Italiano parlato di registro informale e italiano colloquiale
- Chiedere per sapere, chiedere per avere, invitare a fare, ordinare, offrire
- Pronomi personali, imperativo
- Lessico relativo al mare, al cibo, ai mezzi di trasporto
- Le coste italiane
- Asma
- Maltrattamenti ai minori
- Istituti minorili
- Carabinieri

6 E adesso guardiamo tutto il film!

• Se avete la possibilità di vedere il film per intero, trovate la risposta alle seguenti domande:

- In quale città vivevano i due bambini? Per quale motivo devono intraprendere il viaggio?
- Perché l'altro carabiniere non prosegue il viaggio con Antonio?
- Perché il viaggio non si interrompe a Civitavecchia, nel primo istituto?
- Perché Antonio non avverte i propri superiori dei problemi che incontra?
- Di chi è il ristorante dove si fermano a Reggio Calabria?
- Dopo aver fatto fare il bagno in mare a Luciano, Antonio a tavola racconta delle barzellette: ne ricordate una?
- Qual è il problema che viene fuori nel commissariato di polizia, dove Antonio e i due bambini sono andati ad accompagnare il ladro della macchina fotografica?
- Il comportamento di Antonio quali conseguenze potrà avere sulla sua carriera?
- Per quale ragione sarà stato dato questo titolo al film?

capitolo
2

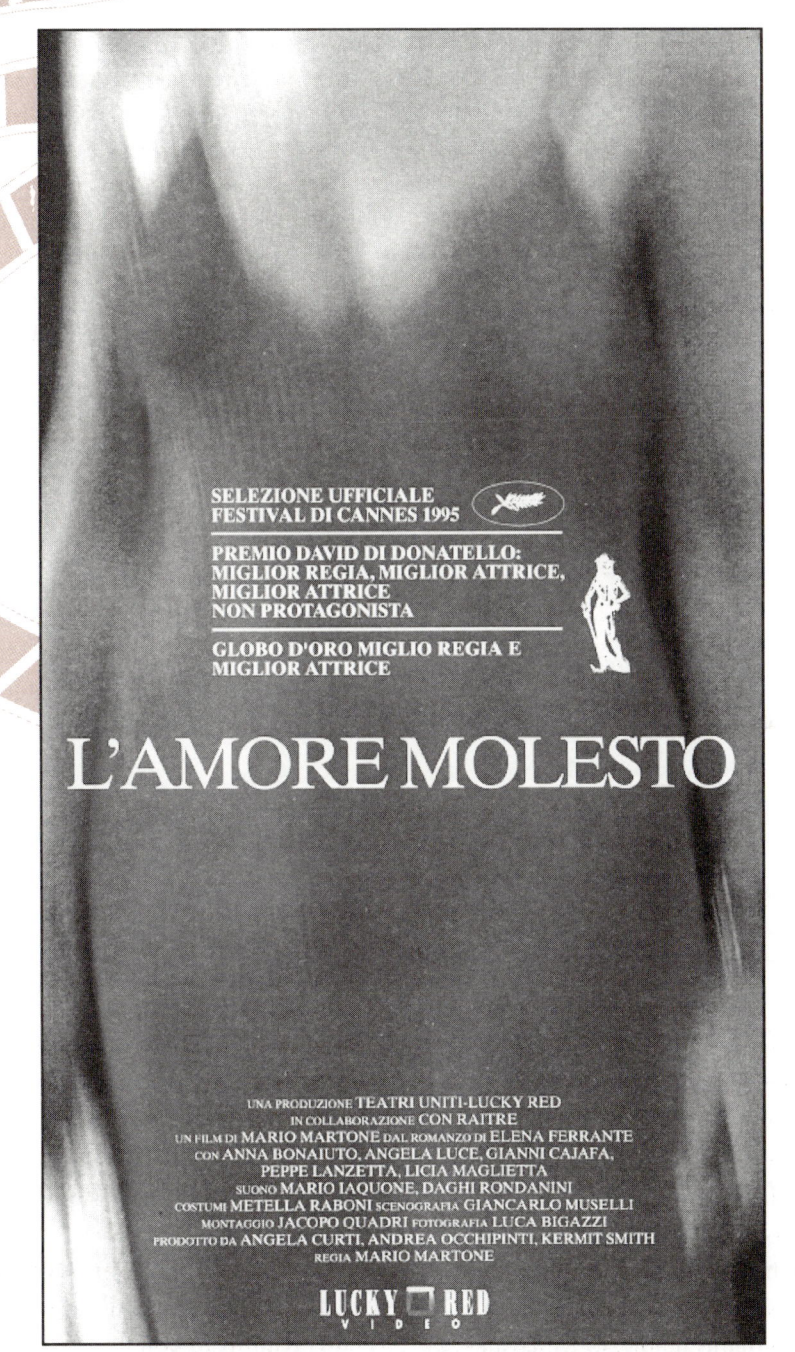

L'AMORE MOLESTO
di *Mario Martone*

SELEZIONE UFFICIALE FESTIVAL DI CANNES 1995

PREMIO DAVID DI DONATELLO: MIGLIOR REGIA, MIGLIOR ATTRICE, MIGLIOR ATTRICE NON PROTAGONISTA

GLOBO D'ORO MIGLIO REGIA E MIGLIOR ATTRICE

L'AMORE MOLESTO

UNA PRODUZIONE TEATRI UNITI-LUCKY RED
IN COLLABORAZIONE CON RAITRE
UN FILM DI MARIO MARTONE DAL ROMANZO DI ELENA FERRANTE
CON ANNA BONAIUTO, ANGELA LUCE, GIANNI CAJAFA,
PEPPE LANZETTA, LICIA MAGLIETTA
SUONO MARIO IAQUONE, DAGHI RONDANINI
COSTUMI METELLA RABONI SCENOGRAFIA GIANCARLO MUSELLI
MONTAGGIO JACOPO QUADRI FOTOGRAFIA LUCA BIGAZZI
PRODOTTO DA ANGELA CURTI, ANDREA OCCHIPINTI, KERMIT SMITH
REGIA MARIO MARTONE

LUCKY RED VIDEO

capitolo 2

L'AMORE MOLESTO, di *Mario Martone*

Biofilmografia

Regista: Mario Martone
Nato a Napoli nel 1959. Nel 1979 ha fondato la Compagnia del Teatro "Falso Movimento". Esordisce nel cinema nel 1984 con un cortometraggio di 16 mm *Nella città barocca*. Seguono: *Perfidi incanti* (video, 1985 mediometraggio), *Morte di un matematico napoletano* (1992), *Terrae Motus* (1993), *Rasoi* (1993), L'*amore molesto* (1995).

Film

L'AMORE MOLESTO (1995)
Il film, tratto dall'omonimo romanzo di Elena Ferrante (Edizioni e/o, Roma 1992), racconta del rapporto tra una figlia, Delia, e una madre anziana.
La morte improvvisa della madre sessantenne trovata nuda - coperta soltanto da un reggiseno rosso - sulla spiaggia di Minturno convince Delia, che vive a Bologna, a tornare a Napoli, sua città natale, e ad indagare sulla morte misteriosa della madre.
Un viaggio nella lotta per sentirsi differente dalla madre amata e odiata ma anche e soprattutto un viaggio dentro Napoli decadente e violenta.

Cast

Regia: Mario Martone
Aiuto regista: Alessandro Dionisio
Sceneggiatura: Mario Martone
Interpreti: Anna Bonaiuto, Angela Luce, Gianni Cajafa, Peppe Lanzetta, Carmela Pecoraro, Licia Maglietta, Enzo De Caro, Francesco Paolantoni, Piero Tassitano, Giovanni Viglietti, Lina Polito, Marita D'Elia, Anna Calato, Sabina Cangiano, Beniamino Femiano, Fabrizio Martone, Italo Celoro, Ferdinando Sirignano

Fotografia: Luca Bigazzi
Scenografia: Giancarlo Muselli
Arredamento: Maria Izzo
Costumi: Metella Raboni
Montaggio: Jacopo Quadri
Musiche: Brani di Steve Lacy e Alfred Schnittke
Produzione: Angelo Curti, Andrea Occhipinti, Kermit Smith per Lucky Red / Teatri Riuniti in collaborazione con RAI Tre
Durata: 104 minuti

L'AMORE MOLESTO, di *Mario Martone*

2 capitolo

Commento

Napoli, scrisse una volta Mario Stefanile, è una delle poche città al mondo che abbia una letteratura in progresso. È una verità che si applica anche al teatro e al cinema. Gli amici tedeschi, che recentemente hanno confermato la loro simpatia per questa città rinunciando a sopprimere la sede partenopea del "Goethe Institut", possono forse credere ad esempio che dopo gli straordinari exploits di Eduardo De Filippo e di Sofia Loren, lo spettacolo non abbia più trovato sulle rive del Golfo altri grandi interpreti, ma le cose per fortuna non stanno affatto così.

Gli artisti più giovani, quelli appartenenti alle generazioni cresciute dopo il '68, propongono invece una nuova, più drammatica immagine dell'universo napoletano quale risulta dal degrado di molti quartieri periferici e dal sottosviluppo dell'economia locale, in contrasto con una fortissima presenza culturale di minoranze borghesi e popolari. In questo senso *L'amore molesto* di Mario Martone rappresenta un risultato poetico quasi perfetto, perché il rapporto freudiano tra la protagonista e sua madre, l'analisi sconvolgente di un episodio di erotismo senile si materializzano splendidamente nella cornice di una Napoli spogliata impietosamente del suo celeberrimo folklore e immersa in un allucinante clamore di sottofondo. La vibrante interpretazione di Anna Bonaiuto e il contributo di vecchi, insuperabili attori napoletani come Gianni Cajafa, fanno il resto.

Antonio Ghirelli

Dialogo

I scena (6:30)

(*Cucina dello zio di Delia - Interno giorno*)

Delia è a casa dello zio Filippo per parlargli. Lo zio le ha offerto del caffelatte e sta preparando il caffè. Poi gliene versa nella tazza piena di latte.

ZIO FILIPPO (*a Delia*) Stai bene!

Delia annuisce.

ZIO FILIPPO Di voi tre sei quella che assomiglia di più a tua madre.

Delia lo guarda e sorride. Zio Filippo si dirige verso il contenitore del pane.

ZIO FILIPPO Ah, c'è il pane fresco. Ne vuoi un poco? <u>Lo azzuppi</u> dentro al latte. O preferisci i biscotti?

DELIA No, va meglio il pane... Pure tu stai <u>buono</u>!

Zio Filippo taglia una fetta di pane per Delia.

ZIO FILIPPO Eh, io sono sempre stato un tipo energico. Senza soldi? Senza soldi. Senza braccio? Senza braccio. Senza <u>femmine</u>? Senza <u>femmine</u>. L'essenziale è la bocca e le

capitolo 2

L'AMORE MOLESTO, di *Mario Martone*

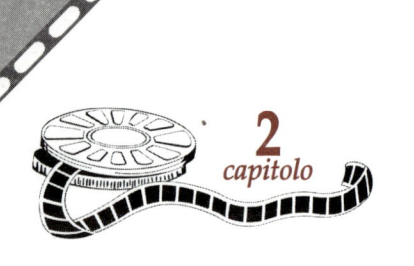

gambe. Per dire quello che vuoi e andare dove ti pare. (*Porgendo la fetta di pane a Delia*) Ho detto bene?

DELIA Hai detto bene.

ZIO FILIPPO (*Aprendo l'anta di un pensile di cucina*) Anche tua madre era così. Noi siamo una razza che non si avvilisce.

Delia intinge il pane nel caffelatte e mangia.

ZIO FILIPPO Quando Amalia si <u>facette</u> male con l'ago della macchina da cucire che le entrò dentro al dito e nell'unghia, sai che fece? Si fasciò il dito e si <u>mettette</u> di nuovo a lavorare come se niente <u>avesse</u> successo. (*Andando verso il frigorifero*) Che <u>femmina</u> era tua madre. Io le volevo bene, lo sai! Mai vista triste, sempre allegra! Io la andavo sempre a trovare. Certo, qualche volta abbiamo pure litigato.

(*Consegnando a Delia un barattolo*) La vuoi un po' di marmellata, è buona. Se levi la muffa che <u>sta 'n coppa</u>, la parte di sotto è squisita, mangia, mangia!

(*Sedendosi*) Però teneva <u>'na capatosta</u>, quando decideva una cosa doveva essere quella. Così come si alzava la mattina era poi tutta la giornata. Amalia non ci pensa alle conseguenze. Una mattina <u>s'aizza, piglia una, due creature</u> e se ne va. (*Alzando un po' la voce*) Hai capito? Se ne va! Abbandona il tetto coniugale. E <u>lassa</u> quel povero disgraziato di tuo padre solo solo come uno stronzo. Non sarebbe andata a finire così.

Delia alza gli occhi al cielo, spazientita.

DELIA Senti zio, stanotte ha telefonato quel Caserta.

ZIO FILIPPO Caserta? A casa di Amalia? (*Arrabbiato, alza la voce*) <u>Mannaggia a quando non l'aggio acciso quando lo potevo accidere</u>. Ma che cosa voleva?

DELIA Niente, cercava mamma e poi ha riattaccato subito. Ma che è pazzo? Quello <u>stava</u> al funerale.

ZIO FILIPPO Caserta è un uomo disonesto. Sempre con gli occhi <u>'n coppa</u> a tua madre. Ha <u>fastidiato</u> tutte le donne del quartiere. <u>Isso</u> doveva morire annegato, non tua madre! Però pure tua madre, gli dava sempre retta, non l'ha mai mandato a <u>fa' 'n culo</u>. Io <u>c''o</u> dicevo sempre, <u>futtetènne</u>, lascialo stare, niente... accettava pure i regali... la frutta, il libro con la dedica, le sfogliatelle... e che cazzo! Ha proprio esasperato <u>a</u> tuo padre.

Delia ascolta nervosa, poi interviene.

DELIA Senti zio, adesso basta. Io non le voglio più sentire queste cose. Ma quante volte l'hai vista mamma presa a calci, a pugni, a schiaffi da mio padre. Non solo non hai mai alzato un dito per aiutarla, ma adesso continui a dare ragione a lui.

ZIO FILIPPO (*Gridando*) <u>Issa</u> si doveva aiutare..., <u>issa</u>. Non l'<u>aveva manco a guarda'</u> Caserta.

DELIA Voi lo avete sempre odiato questo Caserta, e sai perché? Perché eravate invidiosi, che era lui che vi manteneva <u>a</u> tutti quanti, a tutti vi ha dato da mangiare dopo la guerra.

ZIO FILIPPO Ma che ne sai tu di quei tempi.

DELIA E chi era che andava a vendere i

L'AMORE MOLESTO, di *Mario Martone*

quadri di papà in galleria? Ci andavi tu?

ZIO FILIPPO Senti Amalia...

DELIA *(Con tono stizzito)* Delia!

ZIO FILIPPO Delia, ti ricordi quando tuo padre si mise a pitta' 'o quadro della zingara?

DELIA Sì, bene me lo ricordo.

ZIO FILIPPO Ah, e fu allora che sbagliarono Caserta e Amalia. Che c'azzecca la guerra.

DELIA E mo' che vuoi dire?

ZIO FILIPPO La zingara la vide uno che teneva una catena di venditori ambulanti. Si chiamava... come si chiamava... Migliaro... Migliaro si chiamava. Dicette che si potevano fa' soldi perché si vendevano i quadri della zingara ai medici, ai farmacisti. E si facette un sacco di soldi veramente, soldi a palate, altro che quei tre centesimi che accucchiava Caserta. *(Sospirando)* Ma Amalia se mettette 'n miezzo... hai capito?

DELIA *(Con tono fiero)* E facette buono! Non la voleva vedere quella zingara iettata 'n miezzo ai mercati.

ZIO FILIPPO Ma quando mai, Delia? Tua madre non voleva che Caserta lasciava a tuo padre. Hai capito? Tuo padre era un tipo geloso, tu lo sai, e quella volta la battette veramente, 'a scummaie 'e sangue. *(Alzando la voce)* E fece bene, fece bene perché nun se doveva mettere 'n miezzo. *(Con tono più pacato)* Ma Amalia, non pensa alle conseguenze.

Silenzio. Delia si alza e va nella stanza attigua dove ha lasciato una busta che aveva portato con sé. Estrae una camicia azzurra che porta in cucina e porge allo zio.

DELIA È tua questa camicia?

ZIO FILIPPO *(Esaminando la camicia)* No, non aggio mai avuto una camicia come questa. *(A Delia)* Perché, dove l'hai trovata?

DELIA Niente, niente.

ZIO FILIPPO Come niente, niente?

DELIA L'ho trovata a casa, tra i panni sporchi.

ZIO FILIPPO Lo vedi, la disgraziata. Mo', di chi è questa camicia? Mi sembra il fatto del vestito nuovo. Ti ricordi? Arriva il vestito e nessuno sape per chi è. Però màmmata s' 'o mettette, ti ricordi? No, non ti ricordi niente. Perché ca nessuno si ricorda niente. Nessuno sape niente.

DELIA *(Spazientita)* Senti, invece, che è successo di Caserta dopo tutta questa storia?

ZIO FILIPPO Caserta ebbe tutto quello che si meritava. Quando tu dicesti quella cosa a tuo padre, tuo padre ed io iètteme da Caserta per l'accidere. Se avesse aizzato un solo dito per se difendere lo avessimo ucciso veramente.

DELIA Perché, cosa dissi?

ZIO FILIPPO Non ti ricordi, eh? Nun da' retta. Caserta lasciò il quartiere. Venette il padre e se ne iette con il figlio. Poi aggio saputo che faceva 'nu traffico con i medicinali rubati. E le cose gli andavano bene. Vero è che accattò una tipografia. Però poi sapetti che la tipografia si incendiò e con l'assicurazione ha campato fino a mo'. Poi, non aggio saputo più niente.

DELIA E il nome te lo ricordi? Io ho provato a cercare sull'elenco, ci sono troppi Caserta.

ZIO FILIPPO Non ti azzardare a cercarlo.

DELIA Sto cercando Antonio, suo figlio. Giocavamo insieme quando eravamo bambini.

ZIO FILIPPO No, tu cerchi <u>a</u> Caserta!

DELIA Va bene, non importa. Lo chiederò a mio padre.

ZIO FILIPPO (*Sospirando*) Allora, lo fai apposta, lo fai apposta... Nicola, si chiamava Nicola. Però, non cercarlo <u>'n coppa</u> all'elenco telefonico perché Caserta è un soprannome. Il cognome... non me lo ricordo. Veramente, non me lo ricordo. Delia, lascia perdere. Se poi vuoi vedere tuo padre, non gli parlare di questa camicia. <u>Chillo fosse</u> capace ancora oggi di <u>accidere a màmmata</u> per una cosa del genere.

DELIA Non può farle più niente.

ZIO FILIPPO (*Guardando Delia*) Vuoi un altro po' di caffè?

L'AMORE MOLESTO, di *Mario Martone*

2 *capitolo*

ATTIVITÀ DIDATTICHE

Durata della sequenza 6:30
Personaggi: Delia (varietà napoletana e dialetto napoletano), zio Filippo (varietà napoletana e dialetto napoletano).
Relazione sonoro/immagini: parallela
Difficoltà di comprensione: ✳✳✳

1 Motivazione

a. • Immaginate una cucina tipica italiana e scrivete le prime dieci parole che vi vengono in mente (colori, mobili, oggetti, cibi, atmosfera, odori, ecc.).

b. • Guardate i primi 30 secondi della sequenza senza sonoro e descrivete la cucina e il cibo sul tavolo, facendo ipotesi sul ceto sociale del proprietario della casa e sull'ora in cui si svolge la scena.

2 Globalità

a. • Guardate una prima volta la sequenza e scegliete le risposte giuste:
   - Delia
      ❑ è figlia unica   ❑ ha una sorella   ❑ ha due sorelle   ❑ ha tre sorelle

   - Il padre di Delia di lavoro faceva
      ❑ il pittore   ❑ il killer   ❑ il venditore ambulante   ❑ il farmacista

   - Nella sequenza si parla di Caserta: si tratta di
      ❑ un quadro   ❑ una città   ❑ un uomo   ❑ un ragazzo

   - La madre di Delia è morta
      ❑ avvelenata   ❑ di vecchiaia   ❑ di malattia   ❑ annegata

b. • Guardate un'altra volta la sequenza cercando di capire soprattutto le battute di Delia, e decidete se il soggetto di queste frasi è il padre di Delia o Caserta (unite con una freccia il soggetto con la frase corrispondente):

Il padre di Delia Caserta	trattava male la madre di Delia
	manteneva tutti con i propri soldi
	vendeva i quadri nelle gallerie
	era geloso
	se ne andò con il figlio

2 capitolo — L'AMORE MOLESTO, di *Mario Martone*

c. In che cosa non sono d'accordo Delia e lo zio? Completate questa tabella:

	Delia / lo zio	
Secondo		la madre di Delia non doveva incoraggiare la corte di Caserta.
		il padre di Delia era esasperato dal comportamento della moglie, che non respingeva la corte di Caserta.
		erano tutti invidiosi di Caserta.
		la madre di Delia non voleva vendere i quadri della zingara.
		la madre di Delia non voleva che Caserta lasciasse il marito e si facesse sostituire da una catena di venditori ambulanti per vendere i quadri ai farmacisti.

3 Analisi

a. Rileggete tutta la sceneggiatura scrivendo sopra alle parole sottolineate (in dialetto napoletano) le espressioni italiane corrispondenti. In questo elenco di corrispondenze potete trovare alcune delle espressioni più comuni:

NAPOLETANO	ITALIANO
facette	fece
mettette	mise
dicette	disse
battette	batté
venette	venne
guarda'	guardare
pitta'	dipingere
aggio	ho
cucchiava	racimolava
sta 'n coppa	è sopra

NAPOLETANO	ITALIANO
le criature	i bambini
isso, issa	lui, lei
buono	bene
che c'azzecca?	che c'entra?
ha campato	è vissuto
sape	sa
mo'	adesso
accattò	comprò
mammata	tua madre
'na capatosta	una testarda

b. Confrontate i primi secondi della sequenza con questo brano tratto dal romanzo di Elena Ferrante da cui è tratto il film (*L'amore molesto*, Edizioni e/o, Roma 1992) e sottolineate le componenti del dialogo e delle immagini che sono state mantenute nel film dal regista:

Il caffè era quasi pronto quando arrivai a casa di zio Filippo. Con un braccio solo riusciva misteriosamente a fare tutto. Possedeva una macchinetta antiquata di quelle in uso prima che

L'AMORE MOLESTO, di Mario Martone

capitolo 2

la moka si affermasse in tutte le case. Era un cilindro di metallo col becco che smontato si divideva in quattro pezzi: un recipiente per bollire l'acqua, un caricatore, il relativo coperchio avvitabile fittamente forato, una caffettiera. Quando mi fece entrare in cucina, l'acqua calda filtrava nella caffettiera e per l'appartamento si spandeva un odore intenso di caffè.
"Come stai bene" mi disse ma non credo che alludesse al trucco. Non mi era mai sembrato in grado di distinguere tra una donna truccata e una non truccata. Voleva dire solo che avevo una cera particolarmente buona, quella mattina. Infatti, mentre sorseggiava il caffè bollente, aggiunse: "Di voi tre, sei quella che assomiglia di più ad Amalia" (pp. 36-37)

c. • Nella sequenza i protagonisti raccontano fatti del passato usando l'imperfetto, il passato remoto e il passato prossimo. Nell'originale, la scrittrice Elena Ferrante, usa anche il trapassato prossimo per accentuare l'anteriorità di certi fatti rispetto ad altri. Leggete questo brano, cercate il passo corrispondente nella sceneggiatura e sottolineate i <u>tre</u> verbi che qui sono al trapassato prossimo e lì al passato remoto o al passato prossimo.

(Caserta) aveva venduto un bar-pasticceria mezzo fallito che era del padre e se ne era andato via dal rione con la moglie e il figlio. Dopo un po' era arrivata la voce che faceva il ricettatore di medicinali rubati. Poi si era detto che aveva investito i soldi ricavati da quel traffico in una tipografia. Cosa strana perché non era tipografo. L'ipotesi di zio Filippo era che stampasse copertine di dischi contraffatti. Comunque a un certo punto un incendio aveva distrutto la tipografia e Caserta era stato un po' di tempo in ospedale a causa delle ustioni alle gambe che s'era procurato. Da allora lui non ne aveva saputo più niente. Qualcuno pensava che era diventato benestante coi soldi dell'assicurazione, sicché se ne era andato a vivere in un'altra città. (p.43)

d. • Quali espressioni usereste in italiano standard per sostituire queste del dialetto napoletano? Cercatele nella sceneggiatura e poi trovate delle espressioni italiane adatte al contesto.

mannaggia _____
ma quando mai? _____
non voleva che lasciava _____

4 Sintesi

a. • Completate questo brano del romanzo originale, utilizzando anche le informazioni che trovate nei brani corrispondenti della sceneggiatura:

"Te la ricordi la storia della _____ che arrivava a casa ogni giorno gratis? _____ cadeva dalle nuvole: non sapeva né come ___ quando. E il libro di poesie con la _____? E i fiori? E le sfogliatelle tutti i giorni _____ otto in punto? E il vestito te

L'AMORE MOLESTO, di *Mario Martone*

_____ ricordi? Possibile che non ti ricordi niente? Chi le _____ quel vestito, proprio la sua misura? Lei diceva di non saperne niente. Però _____ per uscire, di nascosto, senza dirlo _____ tuo padre. Spiegami tu perché lo fece." (p.41)

b. • Negli ultimi anni la colazione italiana si è trasformata e al tradizionale caffè e latte si sono aggiunti molti altri prodotti più tipici del nord Europa. Quali fra questi prodotti non compaiono generalmente su una tavola italiana per colazione? Sottolineate le parole "estranee" in base alle vostre esperienze e alla vostra conoscenza delle abitudini culinarie dell'Italia di oggi.

BEVANDE: caffè tè latte vino succo di pomodoro spremuta jogurt
CIBI: uova insalata pane salumi biscotti frutta pesce marmellata corn-flakes pizza

c. •• Descrivete a un vostro compagno come si è svolta una colazione italiana a cui avete partecipato o assistito (anche in un film), illustrandone se possibile il contenuto (cibi e bevande) e la forma (ambiente, disposizione della tavola, ora, partecipanti, durata, ecc.) e confrontatela con una colazione tipica del vostro paese.

d. • Scrivete sotto forma di racconto scritto la storia della vita di Amalia, la madre di Delia, inserendo anche la descrizione del carattere dello zio, del padre di Delia e/o della madre di Delia.

e. •• Role-play: scegliete di recitare la parte di uno dei personaggi di cui parlano Delia e lo zio (Amalia, Caserta, il padre di Delia) e preparatevi a raccontare oralmente ai vostri compagni la storia della vostra vita passata, inserendo i dettagli contenuti nella sequenza.

5 Spunti per la riflessione

- Varietà regionale napoletana (intonazione, pronuncia, scelte lessicali, morfosintattiche)
- Narrare fatti passati
- Passato remoto, imperfetto indicativo, passato prossimo, trapassato prossimo
- Lessico relativo al cibo, ai sentimenti
- La cucina italiana
- L'Italia del Secondo Dopoguerra
- Napoli ieri e oggi
- La gelosia, il maschilismo

6 E adesso guardiamo tutto il film

• Se avete la possibilità di vedere il film per intero, trovate la risposta alle seguenti domande:
- Lo zio dice a Delia "Quando tu dicesti quella cosa a tuo padre...". A che cosa si riferisce?
- Nel film si vedono delle sequenze in bianco e nero che raffigurano episodi dell'infanzia di Delia: quali differenze notate rispetto alle scene della Napoli di oggi?
- Perché Delia va nel negozio di biancheria intima?
- Chi è il giovane uomo proprietario del negozio con cui Delia fa il bagno nella piscina?
- La fine della madre di Delia è misteriosa: quali ipotesi si possono fare in base ai fatti narrati nel film?
- A che cosa si riferisce, secondo voi, il titolo del film?

capitolo **3**

IL PORTABORSE
di *Daniele Luchetti*

capitolo 3

IL PORTABORSE, di *Daniele Luchetti*

Biofilmografia

Regista: Daniele Luchetti
Nato a Roma nel 1960. Dopo aver frequentato la scuola di cinema della "Gaumont", lavora come aiuto regista e attore nei film *Bianca* (1984) e *La messa è finita* (1985) di Nanni Moretti. Partecipa nel 1983 al film collettivo *Juke box* esordendo nella regia nel 1988 con *Domani accadrà*. Seguono: *Il portaborse* (1990), *La settimana della sfinge* (1990), *Arriva la bufera* (1993), *La scuola* (1995).

Film

IL PORTABORSE (1990)
Luciano, professore di italiano in un istituto di provincia, viene assunto a Roma dal ministro Botero per scrivere i discorsi politici della sua campagna elettorale. Luciano lascia la scuola per andare a Roma dove si scontra con un mondo completamente diverso dal suo, in cui potere e corruzione hanno il sopravvento sugli ideali e i principi morali. Botero era stato eletto dieci anni prima grazie ad un imbroglio macchinato dalla sua organizzazione elettorale. Luciano disgustato da questa realtà tenterà di ribellarsi con l'aiuto di un giornalista per rivendicare la sua dignità di uomo e far trionfare la giustizia.

Cast

Regia: Daniele Luchetti
Aiuto regista: Riccardo Milani
Sceneggiatura: Sandro Petraglia, Stefano Rulli
Interpreti: Nanni Moretti, Silvio Orlando, Anne Roussel, Giulio Brogi, Angela Finocchiaro, Graziano Giusti, Lucio Allocca, Dario Cantarelli, Antonio Petrocelli, Gianna Paola Scaffidi, Giulio Base, Dino Valdi, Guido Alberti, Renato Carpentieri, Silvia Cohen, Roberto De Francesco, Ivano Marescotti, Giacomo Piperno, Salvatore Puntillo
Fotografia: Alessandro Pesci
Scenografia: Giancarlo Basili, Leonardo Scarpa
Costumi: Maria Rita Barbara
Montaggio: Mirco Garrone
Musiche: Dario Lucantoni
Produzione: Nanni Moretti e Angelo Barbagallo per Sacher Film
Durata: 92 minuti

IL PORTABORSE, di *Daniele Luchetti*

Commento

Di rado capita che un film anticipi la realtà come *Il portaborse* di Luchetti. L'onorevole corrotto interpretato da Nanni Moretti è il simbolo di quella classe politica che verrà spazzata via dalla cosidetta rivoluzione di "Mani pulite", iniziata da Di Pietro, un oscuro magistrato, nel febbraio 1992. Come una sorta di Faust contemporaneo, il deputato seduce l'onesto professore (Orlando), e lo convince a lasciare l'insegnamento per mettersi al suo servizio. Il professore crede che l'onorevole sia sincero, e si illude di poter contribuire al miglioramento della società.

Il nuovo posto come "portaborse" gli procura anche vantaggi economici. Comincia a dubitare del suo onorevole, di cui man mano scopre i maneggi, e dubita anche di se stesso. Alla fine si ribella, ma si tratta di un falso lieto fine. Con intelligenza, e aiutato da due interpreti che danno il meglio di se stessi sfuggendo alla tentazione della macchietta, Luchetti fa capire allo spettatore che si tratta di finzione: nella vita reale il finale sarebbe diverso. La validità del film è dimostrata dagli eventi della cronaca politica italiana, anzi *Il portaborse* acquista una sfumatura d'amarezza: gli italiani fingono di ribellarsi e poi si adeguano. La corruzione cambia solo forma.

Roberto Giardina

Dialogo

I scena (1:25)

Albergo a Mantova - Interno sera

Luciano esce dalla sua camera e bussa alla porta di Juliette. Nessuno risponde. Remo Gola, sentendo i colpi sulla porta, esce dalla sua camera e vede Luciano.

REMO GOLA Luciano, ma che fai?

LUCIANO No, siccome c'era Juliette, volevo chiederle una cosa.

REMO GOLA Una cosa? Che cosa?

LUCIANO No, ho visto quel tipo col cartello, sono tre giorni che...

REMO GOLA Senti, tu c'hai un sacco d'immaginazione, noi perciò t'abbiamo messo in paga, la tua immaginazione se l'è comprata Botero. È sua, e tu la devi usare soltanto per lui, quindi tu stronzate a me non me le dici, chiaro?

LUCIANO Ma, guardi sta sbagliando.

REMO GOLA Ho capito, ti piace Juliette e te la vuoi trapanare. Anche se ti piace, con lei non va bene, non è cosa. *(Prendendo Luciano per il collo della camicia)* Se sei allupato, provaci con Adriana, *(con tono perentorio)* ma con Juliette, no.

Luciano si libera dalla stretta di Remo Gola e ritorna nella sua camera. Una volta entrato si appoggia con le spalle alla porta.

capitolo 3

IL PORTABORSE, di *Daniele Luchetti*

LUCIANO *(stupefatto)* Allupato...
Colpi sulla porta. Luciano apre. È Juliette.
LUCIANO Ma dove siete stati? È tutta la sera che vi cerco
JULIETTE Scusa, abbiamo cenato con una rappresentanza sindacale e poi il ministro ha dovuto rilasciare interviste a 5 televisioni.
(Entrando in camera) Posso?
LUCIANO Ma da dove siete passati? Non vi ho visti entrare.
JULIETTE Da dietro. Botero non vuole incontrare quello là sotto.
LUCIANO Eh, anche questo voglio sapere. Chi è quello lì?
LUCIANO Non lo so, un matto.
Juliette si stende sul divano levandosi le scarpe.
JULIETTE Ero venuta per dirti che ho i permessi per vedere le stanze dei Gonzaga, anche fuori orario.
LUCIANO *(Irritato)* No, non mi interessano i Gonzaga. Chi siamo noi che possiamo vedere le cose che gli altri non possono vedere?
JULIETTE *(Sorpresa)* Beh, scusa!
Squilla il telefono. È Irene. Juliette si alza e se ne va.

II scena (0:35)

Casa di Luciano - Esterno giorno

Luciano è arrivato a casa, a Ravello, e trova in entrata due impiegati delle Belle Arti che parlano fra di loro e prendono appunti. Si avvicina a loro.
LUCIANO Prego!
SIGNORA Dottor Sandulli?
LUCIANO Sì!
SIGNORE Siamo delle Belle Arti, buongiorno!
SIGNORA Complimenti, la sua casa è stata dichiarata monumento nazionale. Lo sapeva?
LUCIANO No!
SIGNORE Tra una settimana cominceranno i lavori di restauro.
SIGNORE C'è circa un miliardo e mezzo di stanziamento.
Luciano fa per andar via, poi si ferma.
LUCIANO Volete qualcosa, un caffè?
SIGNORA No, grazie.
SIGNORE No, non si preoccupi, grazie. Arrivederci.
Luciano corre da Juliette che aspetta Luciano sulla terrazza che dà sul mare.
LUCIANO *(Rivolto a Juliette contento e stupito)* Juliette, Juliette hai sentito?
JULIETTE Certo che Botero ti vuole proprio bene!

III scena (1:25)

Casa di Luciano - Interno giorno

Luciano ha un colloquio con i suoi studenti che sono seduti insieme a lui a terra sotto una grande finestra della casa.
LUCIANO Ragazzi, io sono sinceramente preoccupato, perché l'esame di maturità è vicino e voi del Novecento sapete ...
Un ragazzo lo interrompe.
RAGAZZO Professo', adesso che stai in politica, perché non ci fai sapere prima i temi per gli esami di maturità?
LUCIANO *(Irritato)* Ma chi ti dice queste cose,

IL PORTABORSE, di *Daniele Luchetti*

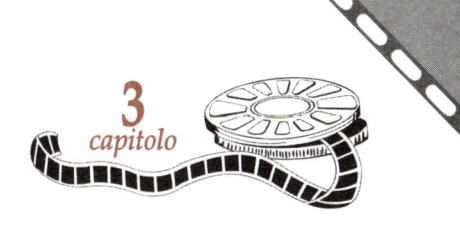

capitolo 3

eh? Chi ti racconta queste storie?
RAGAZZA È vero, chi è ammanicato li sa prima! Magari i temi di italiano, eh!
Juliette fa un giro in casa e passa nella stanza dove Luciano parla con i ragazzi che vedendola passare non mancano di fare commenti ironici e allusivi. Luciano infastidito dai commenti si arrabbia.
LUCIANO (*Alzando la voce per imporsi sui commenti dei ragazzi*) Ragazzi, il primo che insiste su questa storia dei temi, lo caccio fuori!
Luciano tiene una lezione di letteratura italiana ai suoi studenti e parla passeggiando nella stanza.
LUCIANO La letteratura italiana dell'Ottocento, ve l'ho detto migliaia di volte, è penosa. Andrebbe saltata in blocco. Che cosa ce ne può importare a noi di un Silvio Pellico, di un Berchet, di uno Zanella, di un Carducci? E anche Manzoni, diciamola una buona volta la verità, mentre lui per cinquanta anni scrive e riscrive i Promessi Sposi, Balzac infila uno dopo l'altro dieci capolavori, Melville scrive l'immenso "Moby Dick" e Dostoevskij... beh, Dostoevskij scrive "L'idiota", "Delitto e castigo" e "I fratelli Karamazov". L'unica cosa che forse andrebbe salvata dell'Ottocento italiano è la pittura, ma chi sa perché il vostro insegnante d'arte l'ha saltata in blocco.
Luciano è ora seduto su una scrivania e continua a spiegare. I ragazzi ascoltano in silenzio.
LUCIANO Leopardi pessimista? Ma non è vero affatto! Lui aveva l'ottimismo di credere nella forza purificatrice dell'atto poetico. E poi, come scrive il Bindi, se non fosse morto nel '37, ce lo saremmo trovato nel '48 sopra le barricate.
RAGAZZO (*Incredulo*) Professo', ma siete proprio sicuro?
Alcuni studenti sono seduti sulle sedie, altri assonnati sono sdraiati sul letto e ascoltano Luciano.
LUCIANO (*Voce fuori campo*) Comunque ragazzi ricordatevi che qualunque cosa vi succederà, nella vita per essere uomini occorrono le due cose che Kant fece incidere sulla sua tomba: "Il cielo stellato sopra di me, la legge morale dentro di me".

capitolo 3

IL PORTABORSE, di *Daniele Luchetti*

IL PORTABORSE, di *Daniele Luchetti*

3 *capitolo*

ATTIVITÀ DIDATTICHE

Durata della sequenza: I scena 1:25 - II scena 0:35 - III scena 1:25
Personaggi: Luciano (varietà meridionale), Remo Gola (varietà meridionale), Juliette (accento francese),
uomo e donna delle Belle Arti (italiano standard), studenti (varietà meridionale)
Relazione sonoro/immagini: parallela
Difficoltà di comprensione: ✶✶

1 Motivazione

a. •• Vi ricordate di qualche scandalo politico che vi ha particolarmente colpito? Spiegate ai vostri compagni:

- dove si è svolto
- quando si è svolto
- chi erano i personaggi coinvolti
- che tipo di scandalo era

b. • In riferimento alla letteratura dell'Ottocento, quali scrittori del vostro paese considerate i più importanti? Conoscete anche scrittori italiani o europei di quel periodo? Scrivete in 5 minuti tutti i nomi di letterati che vi vengono in mente.

c. •• Quali atti che si possono considerare un tipo di "corruzione" vi sembrano più gravi? Discutete con un compagno e decidete qual è il genere di corruzione che tutti e due ritenete più colpevole.

2 Globalità

a. • Guardate le tre scene e scegliete le risposte giuste:

- Remo Gola pensa che Luciano sia
    ❑ innamorato di Juliette   ❑ matto   ❑ a corto di immaginazione
- Juliette è
    ❑ la moglie di Botero   ❑ la fidanzata di Luciano   ❑ la segretaria di Botero
- Le Stanze dei Gonzaga sono visibili
    ❑ sempre   ❑ solo in casi particolari   ❑ solo la domenica
- La casa di Luciano è stata dichiarata monumento nazionale e perciò
    ❑ non potrà essere venduta
    ❑ avrà diritto a un aiuto finanziario dello Stato per i restauri
    ❑ non potrà ricevere il permesso per il restauro

capitolo 3

IL PORTABORSE, di *Daniele Luchetti*

- Gli studenti di Luciano vorrebbero che lui
    - ❏ facesse loro ancora lezione
    - ❏ li aiutasse a preparare l'esame di letteratura
    - ❏ dicesse loro in anticipo il titolo dei temi della maturità
- Luciano non ama
    - ❏ la letteratura europea dell'800
    - ❏ la pittura italiana dell'800
    - ❏ la letteratura italiana dell'800
- Secondo Luciano è importante essere
    - ❏ onesti   ❏ ottimisti   ❏ pessimisti

b. • Chi dice queste battute? Fate le vostre ipotesi, e controllatele poi rivedendo le scene filmate.

_____: Volete qualcosa, un caffè?

_____: Beh, scusa!

_____: Ma dove siete stati? È tutta la sera che vi cerco.

_____: Magari i temi di italiano, eh!

_____: Senti, tu c'hai un sacco di immaginazione.

_____: Io sono sinceramente preoccupato.

c. • Juliette dice a Luciano: "Certo che Botero ti vuole proprio bene!". A che cosa si riferisce? Cercate questa frase nella sceneggiatura e fate le vostre ipotesi in base al contesto.

Analisi

a. • Quali forme usano gli studenti per rivolgersi a Luciano, il loro professore: il "tu" (informale), il "Lei" (formale) o il "voi" (che nell'Italia meridionale si usa per esprimere formalità e cortesia, al posto del "Lei")? E Luciano che forma usa quando si rivolge a ciascuno di loro? Controllate nella sceneggiatura.

b. • Ecco alcune espressioni dell'italiano colloquiale usate nelle scene del film: cercatele e sottolineatele nella sceneggiatura. Scegliete poi per ciascuna il significato giusto.

IL PORTABORSE, di *Daniele Luchetti*

☐ allupato ☐ trapanare ☐ è ammanicato
☐ lo caccio fuori ☐ stronzate ☐ non è cosa

1. stupidaggini - 2. affamato di sesso - 3. portare a letto - 4. non c'è niente da fare
5. lo mando via - 6. conosce le persone importanti che possono aiutarlo

c. • Trasformate queste frasi usando altri modi per esprimere "dovere" o" necessità":

- La letteratura italiana dell'Ottocento andrebbe saltata in blocco.
_____

- Nella vita per essere uomini occorrono le due cose che Kant fece incidere sulla sua tomba
_____

d. • Ecco alcuni vocaboli che appartengono alle aree semantiche dell'arte e della politica. Solo uno può riferirsi a tutti e due i settori. Quale? Inseritelo nello spazio comune a questi due insiemi:

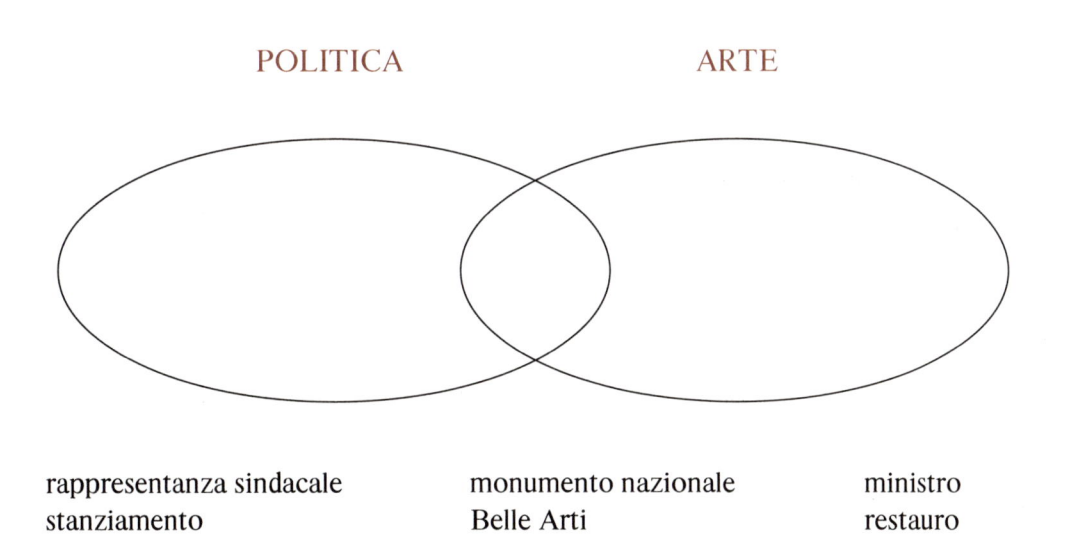

POLITICA   ARTE

rappresentanza sindacale   monumento nazionale   ministro
stanziamento   Belle Arti   restauro

e. • Luciano parla ai suoi studenti della letteratura italiana e europea dell'Ottocento, citando autori e opere. Rileggete la sceneggiatura per completare questa tabella con i nove nomi citati (potete aggiungere, poi, per ciascuno, i titoli di altre opere che hanno scritto, se le conoscete):

capitolo 3 — IL PORTABORSE, di *Daniele Luchetti*

Autori italiani	Scrittori francesi	Scrittori russi	Scrittori americani	Titolo delle loro opere

f. • Rileggete la sceneggiatura per cercare tutti gli esempi di corruzione a cui si fa riferimento.

4 Sintesi

a. • Cercate di descrivere, in base alle informazioni che potete trarre dalle tre scene del film, il carattere e le doti intellettive di Luciano.

b. •• Luciano chiede spiegazione a Remo Gola e poi a Juliette di "un tipo col cartello" che da tre giorni sta sotto alle finestre di Botero. Juliette gli dice che Botero non vuole incontrarlo. Secondo voi, cosa può volere da un ministro un uomo che decide di piazzarsi giorno e notte davanti al suo ufficio? Cosa potrebbe avere scritto sul cartello? Fate delle ipotesi e confrontatele poi con quelle dei vostri compagni.

c. •• Attività di classe focalizzata sulla capacità di argomentare e far valere le proprie opinioni contro quelle degli altri: l'insegnante propone una serie di scrittori o registi famosi conosciuti da tutti gli studenti e chiede a chi piacciono. Si sceglie l'autore che piace a circa metà della classe e non piace

IL PORTABORSE, di *Daniele Luchetti*

agli altri. Si formano delle coppie (uno a favore e uno contro l'autore proposto) e ciascuno deve spiegare all'altro i motivi della sua opinione. Segue un dibattito collettivo.

d. •• A proposito del permesso eccezionale che ha ottenuto per vedere le Stanze dei Gonzaga, Luciano commenta: "Chi siamo noi che possiamo vedere le cose che gli altri non possono vedere?" Preparate un role-play a coppie: uno immagina di essere Luciano che prende posizione contro i favoritismi, e cerca di spiegare meglio al proprio compagno questo concetto, facendo anche riferimento ad altri casi concreti; l'altro cercherà invece di minimizzare la cosa, giustificando l'abitudine di molti politici a concedere favori per poi chiederne altri.

e. • Luciano dice ai suoi studenti: "Nella vita per essere uomini occorrono le due cose che Kant fece incidere sulla sua tomba: il cielo stellato sopra di me, la legge morale dentro di me". Siete d'accordo con lui? Scrivete un breve commento in cui esprimete le vostre opinioni a favore o contro questa affermazione (attenzione: qui "uomini" è usato nel senso di "esseri umani", non riferito ai maschi in opposizione alle donne!).

5 Spunti per la riflessione

- varietà regionali meridionali (pronuncia, intonazione, scelte lessicali)
- italiano colloquiale
- chiedere per avere, dissuadere dal fare, esprimere un'opinione, congratularsi
- presente indicativo, futuro, espressioni di necessità o dovere
- lessico relativo alla politica, all'arte, alla letteratura, alla scuola
- corruzione politica, operazione "Mani pulite", tangenti, scandali del Partito Socialista Italiano all'inizio degli anni Novanta
- opere d'arte, stanziamenti finanziari per il restauro
- esame di maturità
- letterati e filosofi europei dell'800
- il Risorgimento italiano (le barricate del 1848)
- Stanze dei Gonzaga (Mantova)

6 E adesso guardiamo tutto il film!

• Se avete la possibilità di vedere il film per intero, trovate la risposta alle seguenti domande:
- Luciano, oltre a insegnare italiano in un liceo, arrotonda lo stipendio con un secondo lavoro: quale?
- Perché Luciano ha tanto bisogno di soldi?
- Perché Luciano decide di lasciare la fidanzata?

capitolo 3

IL PORTABORSE, di *Daniele Luchetti*

- Il ministro Botero fa contattare Luciano dal suo segretario per proporgli di scrivere i suoi discorsi politici: come aveva avuto il suo nome?
- In un suo discorso Botero dice: "Preferisco uomini brillanti e disonesti a uomini _____".
- La moglie di Botero che ritratto fa di suo marito a Luciano?
- Luciano manda una videocassetta ai suoi studenti con un suo monologo: di che cosa si giustifica con loro?
- La pubblicità elettorale di Federico Castri richiama un partito italiano che è stato a lungo al governo fino all'inizio degli anni Novanta: quale?
- Che lavoro offre Botero all'anziano Sebastiano, nel momento in cui lo sostituisce con Luciano?
- Durante una conferenza-stampa, Botero annuncia di aver ceduto il 10% delle imprese ad una società canadese: di che tipo di imprese si tratta?
- Luciano cerca di ottenere un vitalizio per un anziano poeta in povertà: con quale risultato?
- Quali segreti nascondeva l'uomo che si era gettato sulla macchina di Botero, gridandogli "Io non mi scordo chi sei!"
- Quali favori personali ha ricevuto Luciano da Botero nel periodo in cui ha lavorato per lui?
- Con quali azioni Luciano si ribella a Botero?
- Quali fra questi atti illegali non ha commesso Botero?

   ❏ broglio elettorale   ❏ corruzione
   ❏ tentato omicidio   ❏ ricatti
   ❏ tangenti   ❏ favoritismi
   ❏ spionaggio

capitolo **4**

UN'ANIMA DIVISA IN DUE
di *Silvio Soldini*

capitolo 4

UN'ANIMA DIVISA IN DUE, di *Silvio Soldini*

Biofilmografia

Regista: Silvio Soldini
Nato a Milano nel 1958. Segue corsi di regia, di sceneggiatura, di fotografia, montaggio e montaggio sonoro all'Università di New York dove vive dal 1979. A New York gira il cortometraggio *Drimage* (1982) in bianco e nero. Rientrato a Milano nel 1982, lavora come aiuto regista in pubblicità e gira film: *Paesaggio con figure* (1983 mm), *Giulia in ottobre* (1985 mm), *Voci celate* (documentario, 1986), *La fabbrica sospesa* (documentario, 1987), *Antonio e Cleo* (episodio di Provvisorio quasi d'amore, 1988), *L'aria serena dell'Ovest* (1990), *Musiche bruciano* (documentario, 1991), *Femmine, folle e polvere d'archivio* (1992 cm), *Un'anima divisa in due* (1993).

Film

UN'ANIMA DIVISA IN DUE (1993)
In una Milano cinica l'incontro di Pietro Di Leo, un impiegato che lavora per il servizio di sicurezza interna di un grande magazzino, con Pabe, ragazza nomade. È un incontro occasionale che mette a nudo la crisi esistenziale di lui e il disagio di vivere di lei.
Pian piano nasce l'amicizia; poi l'amore e la decisione di fuggire dalla metropoli e andare a vivere insieme sulla costa adriatica per una migliore qualità di vita.

Cast

Regia: Silvio Soldini
Aiuto regista: Giorgio Garini
Sceneggiatura: Silvio Soldini, Roberto Tiraboschi
Interpreti: Fabrizio Bentivoglio, Mària Bàko, Philippine Leroy Beaulieu, Jessica Forde, Felice Andreasi, Silvia Mocci, Edoardo Moussanet
Fotografia: Luca Bigazzi
Scenografia: Elvezio v.d. Meijeden, Sonia Peng
Costumi: Franca Zucchelli
Montaggio: Claudio Cormio
Musiche: Giovanni Venosta
Coproduzione: Arnan Srl (Roma), Pic Film sa (Lugano), Mod Films sa (Parigi)
Distribuzione: Darc
Durata: 125 minuti

UN'ANIMA DIVISA IN DUE, di *Silvio Soldini*

capitolo 4

Commento

Un film intelligente, un'analisi lucida sulle ambiguità dell'animo umano, sul disagio esistenziale, che Silvio Soldini ha scandito con eleganza formale delle immagini e costruzione narrativa della storia sulla invivibilità della metropoli. Che è Milano ma potrebbe essere qualsiasi luogo. La metropoli abitata da personaggi che sono risucchiati dal vuoto e dalla solitudine e ai quali la salvezza è offerta soltanto dal cambiamento.

Pabe e Pietro, lei ragazza rom, lui vigilante in un grande magazzino, i loro stati d'animo, i loro comportamenti nei momenti di incertezza sono testimonianza di come siamo nell'Italia degli anni Novanta, metafore anche di un mondo reso più minaccioso da un'angoscia continua. Già dal suo esordio Soldini si impose all'attenzione della critica che gli riconobbe maestri Godard e Wenders.

Nel 1993 *Un'anima divisa in due* viene presentata alla Mostra del Cinema di Venezia. Fabrizio Bentivoglio, protagonista del film, vince il premio per il miglior interprete. Si parla del cinema di Soldini come "cinema d'idee, ricerca di stile". Ed è già cinema d'autore.

Marcella Continanza

Dialogo

I scena (1:30)

Auto di Pietro - Interno/Esterno giorno

Di nuovo lanciati sull'autostrada. Pietro guida in silenzio. Pabe è al suo fianco, cerca di capire cosa gli stia accadendo.

PIETRO Bisognerà che ti metti degli altri vestiti.

PABE Perché?

PIETRO Perché se no così è un inferno.

PABE Sono questi i miei vestiti.

PIETRO Appunto.

Pabe ha aperto una marmellatina alla ciliegia, una di quelle che erano sul tavolo della prima colazione; la mangia con le dita.

PABE Vuoi?

Assieme alle marmellatine però ci sono anche delle banconote spiegazzate: Pietro le vede.

PIETRO E questi da dove vengono?

PABE Da una stanza.

PIETRO Dell'albergo?

PABE Sì...

PIETRO Che stanza, dove?

PABE Li ho trovati, non c'era nessuno...

PIETRO Cosa vuol dire li hai trovati... Dov'erano?

PABE Su un tavolino.

Pietro inizia a scaldarsi, è come se in lui si rompesse qualcosa: com'è possibile che Pabe lo ricompensi a questo modo? Tutta la tensione accumulata fino a quel momento trova il modo di sfogarsi.

PIETRO Se erano sul tavolino di una stanza vuol dire che erano di qualcuno, no?

PABE Di un gaujo stupido che li ha lasciati lì.

PIETRO E tu dovevi lasciarli lì... Prendere qualcosa dalla stanza di qualcuno è rubare!... non trovare! Hai capito? Adesso hanno anche tutti i nostri dati, adesso! Anche se uno stupido gaujo ha lasciato la porta aperta!... Sono io semmai lo stupido gaujo... che sono andato a difenderti da quel deficiente che diceva che siete tutti dei ladri! Aveva ragione, aveva!

II scena (0:53)
Portico, caseggiato di Pietro e Pabe - Esterno sera

PIETRO Pabe...

Lei lo vede. Gli si butta addosso, lo abbraccia.

PIETRO Ma che cosa è successo eh?

PABE Non ce l'ho fatta.

PIETRO Andiamo a casa, dai.

PABE Ti trattano come bestie... Non puoi neanche andare a fare la pipì quando ti scappa. Devi fare solo quello che ti ordinano.

PIETRO È il lavoro, Pabe.

Lei improvvisamente si stacca da lui, si mette a gridare.

PABE Ci sputo sopra al tuo lavoro! Mi fa schifo!

PIETRO No, stai calma, dai.

PABE Sono stata calma! Sono stata zitta per non farmi scoprire, come dici tu!...

PIETRO Non urlare... andiamo su, ne parliamo su, dai.

Si avvicina a lei, cerca di prenderla per un braccio e di trascinarla gentilmente verso le scale. Ma Pabe non ha nessuna intenzione di smettere.

PABE È questo il lavoro che nomini sempre? È questo... che non c'è niente di più importante? E per che cosa? Per pochi biglietti da dieci che me li guadagnavo in due ore di manghèl...

PIETRO Va bene va bene. E allora che cosa vuoi fare? Dimmelo!

PABE Voglio andare a chiedere come ho sempre fatto! Come fanno tutte le donne rom.

PIETRO *(Cercando di non gridare)* Ma tu non puoi più fare come fanno le donne rom.

III scena (1:10)
Casa di Pietro e Pabe - Interno notte

La porta si chiude, la luce si accende. Pietro rimane in piedi nel soggiorno, Pabe si butta su

UN'ANIMA DIVISA IN DUE, di *Silvio Soldini*

una poltrona e non dice niente.

PIETRO Dai Pabe non fare così... troveremo una soluzione.

PABE Per esempio?

PIETRO Ce ne sono tanti di lavori.

PABE Perché non posso fare quello che so fare?

PIETRO *(Per tranquillizzarla)* Puoi fare quello che vuoi.

PABE I figli non posso farli da sola...

PIETRO Li avremo i figli te l'ho detto, quando sarà possibile. Bisogna mantenerli, poi bisogna farli studiare; non è uno scherzo.

PABE Mia madre ne ha avuti otto di figli e mia nonna dieci... Come hanno fatto secondo te? Pensi che erano ricche? Una donna non è una donna se non ha dei figli.

PIETRO Sì, Pabe, però da noi... Io non ce la faccio a fare più di un passo alla volta.

PABE Tu devi sempre fare programmi, pensare a quello che viene dopo, ma io vivo adesso, non nel tuo futuro... È adesso che voglio fare i figli, è questo il mio lavoro.

capitolo 4

UN'ANIMA DIVISA IN DUE, di *Silvio Soldini*

UN'ANIMA DIVISA IN DUE, di *Silvio Soldini*

4 *capitolo*

ATTIVITÀ DIDATTICHE

Durata della sequenza: I scena 1:30 - II scena 0:53 - III scena 1:10
Personaggi: Pietro (italiano standard), Pabe (accento straniero)
Relazione sonoro/immagini: parallela
Difficoltà di comprensione: ✽

1 Motivazione

a. • Quali sono le categorie di persone che oggi rappresentano delle minoranze di emarginati in Italia? E nel vostro Paese?

b. • Se pensate agli zingari, quali sono le prime immagini e le prime associazioni di idee che vi vengono in mente?

c. • "Gli opposti si attraggono": siete d'accordo su questa affermazione? Spiegate perché, anche facendo degli esempi.

2 Globalità

a. • Guardate le tre scene e scegliete le risposte giuste:

I scena: - Pabe ha rubato dei soldi
❏ in casa   ❏ a Pietro   ❏ in albergo

II scena: - Pabe è disperata perché
❏ non ha abbastanza soldi   ❏ è disgustata dal lavoro   ❏ deve tornare fra gli zingari

III scena: - Pabe vorrebbe
❏ un figlio   ❏ fare un lavoro più facile   ❏ camminare più lentamente

b. • Guardate di nuovo le tre scene e completate queste frasi in base al loro contenuto:

I scena: - Pietro rimprovera Pabe perché _____

II scena: - Pabe accusa Pietro perché _____

III scena: - Pabe accusa Pietro perché_____

capitolo 4

UN'ANIMA DIVISA IN DUE, di *Silvio Soldini*

Analisi

a. • Nelle tre scene Pietro e Pabe talvolta parlano allo scopo di rimproverare o di giustificarsi. Riflettete sul significato di ciascuna di queste battute e mettete una crocetta per indicare chi parla e a che scopo.

Pietro	Pabe		Rimproverare	Giustificarsi
☐	☐	- Non ce l'ho fatta	☐	☐
☐	☐	- Se erano sul tavolino di una stanza vuol dire che erano di qualcuno, no?	☐	☐
☐	☐	- E tu dovevi lasciarli lì!	☐	☐
☐	☐	- I figli non posso farli da sola	☐	☐
☐	☐	- Li avremo i figli te l'ho detto, quando sarà possibile	☐	☐
☐	☐	- Io non ce la faccio a fare più di un passo alla volta	☐	☐
☐	☐	- Tu devi sempre fare programmi, pensare a quello che viene dopo...	☐	☐

b. • Inserite i verbi "potere", "volere", "dovere" e "sapere" in queste battute e poi controllate le vostre risposte rileggendo la sceneggiatura.

- Pabe apre una marmellatina e dice a Pietro: "_____?"
- "Questi soldi? Li ho trovati su un tavolino" "Tu _____ lasciarli lì!"
- "Ti trattano come bestie. Non _____ neanche andare a fare pipì, _____ fare solo quello che ti ordinano."
- "Ma tu non _____ più fare come fanno le donne rom."
- "Perché non _____ fare quello che _____ fare?". Pietro risponde: "_____ fare quello che _____."
- "Tu _____ sempre fare programmi!"

c. • A cosa si riferisce la particella pronominale "ne" in queste battute del dialogo?

- "Ne parliamo su" _____
- "Mia madre ne ha avuti otto" _____

d. • Spiegate con parole vostre il significato di queste espressioni idiomatiche usate dai protagonisti del film:

- "non ce l'ho fatta" _____
- "io non ce la faccio a fare più di un passo alla volta" _____

UN'ANIMA DIVISA IN DUE, di *Silvio Soldini*

4 capitolo

e. • Ecco alcuni esempi di "errori" che possiamo trovare nell'italiano dell'oralità, in situazioni informali, soprattutto quando chi parla non ha un alto grado di istruzione. Riscrivete le frasi nella forma che avrebbero in italiano standard:

- bisognerà che ti metti _____
- pensi che erano ricche? _____
- per pochi biglietti da dieci che me li guadagnavo in due ore... _____
_____

f. • Associate gli elementi delle quattro colonne per comporre delle frasi che contengono alcune parole sul tema "denaro" e "famiglia":

☐ Prendere qualcosa   ☐ otto figli   ☐ che guadagnavo in poche ore
☐ A che serve lavorare ☐ appena possibile   ☐ vuol dire rubare
☐ I figli li avremo   ☐ dalla stanza di qualcuno ☐ e mia nonna dieci
☐ Mia madre ha avuto   ☐ per pochi biglietti da dieci ☐ ma poi bisogna mantenerli

4 Sintesi

a. • Rileggete la sceneggiatura e cercate le parole <u>gaujo</u> e <u>manghèl</u>: in base al contesto, quale fra questi significati potrebbero avere?

<u>gaujo</u> =   ☐ ragazzo   ☐ persona estranea   ☐ stupido   ☐ ladro
                              agli zingari

<u>manghèl</u> = ☐ prostituirsi ☐ lavoro nero ☐ rubare ☐ chiedere l'elemosina

b. • Gli zingari che vivono in Italia appartengono a due etnie principali: quella dei sinti e quella dei rom. Perché Pietro dice a Pabe: "Tu non sei più una donna rom!"?

c. •• "Una donna non è una donna se non ha dei figli", dice Pabe. Siete d'accordo? Discutete con un compagno e poi esprimete la vostra opinione davanti a tutta la classe.

d. • Leggete questo brano tratto dal volume che contiene la sceneggiatura del film (Soldini S., *Un'anima divisa in due*, Edizioni e/o, Roma 1993) e completate gli spazi vuoti:

Il film _____ una storia d'amore in due movimenti, Milano e Ancona, in mezzo ai quali c'è il peregrinare del viaggio, della fuga. Oltre la forte valenza affettiva, c'è la ricchezza di un'esplorazione: ____ è attratto dal mondo di lei, e lentamente per molte cose si adegua ___ quella libertà, lei da quello di lui, e lentamente ___ adegua a quell'ordine. La "normalità" è

4 capitolo — UN'ANIMA DIVISA IN DUE, di *Silvio Soldini*

attratta ____ "diversità", la "diversità" dalla "normalità", lui da una zingara, ___ da un "gaujo". La molla è lui: è il periodo di forte crisi che attraversa a predisporlo, altrimenti non succederebbe _____ (p. 112)

5 Spunti per la riflessione

- italiano parlato di registro informale e italiano colloquiale
- chiedere per sapere, accusare, rimproverare, giustificarsi, cercare di convincere
- passato prossimo, imperfetto indicativo, presente indicativo
- "potere", "dovere", "sapere"
- particella pronominale "ne"
- lessico relativo al denaro, alla famiglia
- zingari rom
- pregiudizi, emarginazione, integrazione
- ruolo della donna e dei figli nella famiglia e nella società

6 E adesso guardiamo tutto il film!

- Se avete la possibilità di vedere il film per intero, trovate la risposta alle seguenti domande:

- Pietro in autobus a Milano: che tipo di persone incontra?
- Quali sono i disturbi di cui soffre Pietro? Qual è la diagnosi del suo amico medico?
- Pietro ha fermato Pabe che rubava ai grandi magazzini, ma all'uscita la ragazza gli propone un affare che Pietro accetta: quale?
- In tribunale l'avvocato chiede a Pietro di testimoniare nel processo contro Pabe: su quale argomento?
- Pabe racconta a Pietro come si sposano i rom: _____
- Pietro rapisce Pabe: di chi hanno paura?
- In albergo perché Pabe non riesce a dormire?
- Ad Ancona Pietro sposa Pabe e mette su casa: che lavoro trova per sé e per lei?
- Che rapporto c'è fra Pietro e Severino?
- Pabe non vuole dire la verità alla collega di lavoro: cosa le inventa su di sé?
- Secondo Pabe, come è un funerale rom rispetto a uno cattolico?
- Nell'albergo dove Pabe aveva trovato lavoro, come giustificano il suo licenziamento?
- L'attrice che interpreta Pabe nella realtà non è una zingara: dall'accento e dai tratti somatici, di quale nazionalità potrebbe essere?
- Come potrebbe concludersi il film, dopo l'ultima scena? Fate delle ipotesi.

capitolo
5

IL GRANDE COCOMERO
di Francesca Archibugi

capitolo 5 — IL GRANDE COCOMERO, di Francesca Archibugi

Biofilmografia

Regista: Francesca Archibugi
Nata a Roma nel 1961. Studia al centro Sperimentale di Cinematografia fino al diploma. A metà degli anni Ottanta realizza dei cortometraggi. Esordisce nel 1988 con *Mignon è partita*. Altri film: *Verso sera* (1990), *Il grande cocomero* (1993), *Con gli occhi chiusi* (1994).

Film

IL GRANDE COCOMERO (1993)
Pippi, una ragazzina di dodici anni con ricorrenti crisi epilettiche, viene ricoverata nel reparto di neuropsichiatria infantile del Policlinico di Roma. Il medico, Arturo, quarantenne divorziato e in crisi, intuisce che dietro la malattia si nascondono altri problemi e la trattiene in ospedale. In questo reparto altri giovani malati danno a Pippi attenzione, affetto e umorismo. Tra il medico e la ragazzina nasce un rapporto profondo che la induce ad aprirsi e a tentare nuove amicizie.
La morte di una giovane paziente causa in Pippi una violentissima crisi epilettica per dimostrare ad Arturo il suo dolore, svelando così il suo meccanismo emotivo e dando le chiavi per la sua guarigione.

Cast

Regia: Francesca Archibugi
Aiuto regista: Marina Zangirolami, Elisabetta Boni
Assistente alla regia e collaborazione ai dialoghi: Giorgia Cecere
Sceneggiatura: Francesca Archibugi
Interpreti: Sergio Castellitto, Anna Galiena, Alessia Fugardi, Silvio Vannucci, Alessandra Panelli, Victor Cavallo, Maria Consagra, Lidia Broccolino, Raffaele Vannoli, Giacomo Ciarrapico, Tiziana Bianchi, Marco Loda, Laura Betti, Lara Pranzoni, Andrea Di Giacomo, Giuseppe Giordani, Gigi Reder, Armando De Razza
Fotografia: Paolo Carnera
Scenografia: Livia Borgognoni
Arredamento: Mario Rossetti
Costumi: Paola Marchesin
Montaggio: Roberto Missiroli
Musiche: Battista Lena, Roberto Gatto
Produzione: Leo Pescarolo, Guido De Laurentiis, Fulvio Lucisano per Ellepi Film (Roma) - Chrysalide Films (Parigi)
Durata: 105 minuti

IL GRANDE COCOMERO, di *Francesca Archibugi*

Commento

Il grande cocomero segna, io credo, il capolavoro della giovane regista Francesca Archibugi che ne ha anche firmato la sceneggiatura. Il tema è dei più alti e dei più aspri: la sofferenza e la malattia che colpiscono i bambini. Nel reparto del policlinico romano dove per la maggior parte il film si snoda è centrale la figura di Arturo, che ha gli occhi umanissimi di Sergio Castellitto, medico all'avanguardia nella ricerca neuropsichiatrica infantile (non a caso il film è dedicato a Marco Lombardo Radice che fu pioniere in questo campo). Arturo ha in sé una carica appassionata di amore per il proprio lavoro che si esprime in una solidarietà totale e generosa verso i piccoli pazienti e come ogni uomo teso a una "concretissima utopia", la vittoria sul male si scontra giorno per giorno con le difficoltà del proprio compito e con inevitabili crisi, dalle lacerazioni affettive alle sconfitte professionali. Accanto alla follia che piega nella sofferenza i bambini, si dispiega, diversa ma brutalmente insopportabile, la follia della città ingorgata dal traffico e tribolata dalla mancanza di un'amministrazione efficiente anche nel settore primario della sanità.

Il rapporto del medico con la paziente Pippi, con i genitori di lei, con la bambina cerebrolesa che soccombe al suo male, con le donne che hanno un peso nella sua vita è tutto sotto il segno della ricerca di una umana verità. La verità nella conoscenza scientifica, la verità per la dignità dei rapporti sociali, la verità per potere, nel degrado del mondo, "avere ogni mattino almeno un motivo per alzarsi": lo dice il medico che lo ha imparato dalla sua piccola, ostinata, bugiarda, ma quanto mai intuitiva paziente. Questo bisogno di sincerità e la straziante domanda di amore che si leva da chi soffre, è la grande lezione etica del film. Quando muore la piccola cerebrolesa il prete - un prete speciale anche questo - si pone nella predica la domanda di Dostoevskij: "Perché, Signore, i bambini muoiono?" È il mistero più grande della fede, al centro anche di quel capolavoro laico novecentesco che è la *Peste* di Camus. E mi è venuto in mente rivedendo questo film mai sentimentale, quanto più ricco di sentimento - esemplare ritratto di una splendida Laura Betti, tanto stanca di vivere da indossare una maschera cattiva - una pagina poco nota di Ennio Flaiano, dove racconta che un uomo condusse a Gesù una figlia malata chiedendogli non che la guarisse, ma che la amasse. E Gesù baciando la ragazza, disse: "In verità questo uomo ha chiesto ciò che io posso dare". Con grande delicatezza di sentire, questo è il messaggio ultimo che Francesca Archibugi ci dà nel suo film.

Gina Lagorio

5 capitolo

IL GRANDE COCOMERO, di *Francesca Archibugi*

Dialogo

I scena (2:55)
Sul motorino - Esterno giorno

Michelone accompagna Pippi a casa.

PIPPI Quando sto con Arturo sento che quello che c'è fuori viene dentro e quello che c'è dentro viene fuori. No, il contrario. Quello che c'è dentro va un po' di lato, viene fuori e quello che da sotto....

MICHELONE Respira forte, respira...

Pippi e Michelone arrivano a casa di Pippi. Scendono dal motorino e Michelone si accorge che Pippi non sta bene.

MICHELONE Che hai fatto eh? <u>Aoh</u>?

Pippi apre il cancello ed entrano. Il cane di Pippi è sdraiato davanti al cancello. Michelone si abbassa per accarezzarlo.

MICHELONE E questo chi è? <u>A bello</u>, allora, eh?

Pippi e Michelone si alzano per entrare in casa. Michelone osserva la casa. Pippi inizia a sentirsi male, si accosta ad un albero e vomita.

MICHELONE <u>Ammazza</u> che villa che c'hai!
(Si avvicina poi a Pippi che ansima vicino all'albero e le solleva la fronte accarezzandola). Ooh!

Pippi entra in casa. La mamma di Pippi è seduta sul divano, sta leggendo una rivista e ascolta un programma in televisione. Non la sente arrivare. Pippi le va incontro venendo da dietro e le stringe le braccia al collo. La madre sorpresa, soprassale.

MAMMA DI PIPPI Pippi, ma perché sei arrivata così tardi, dove sei stata?

PIPPI Mamma senti...

MAMMA DI PIPPI *(Prende il telecomando e abbassa il volume del televisore)* Che c'è?

Pippi si siede sul divano accanto alla madre.

PIPPI Oggi mi sono fumata uno spinello. Ho vomitato.

MAMMA DI PIPPI *(Accarezzando la figlia)* Amore, non c'è bisogno che ti inventi queste cose, mamma ti vuole bene lo stesso. *(Abbracciando Pippi)* Ti voglio bene lo stesso.

PIPPI *(Alzandosi di scatto)* È la verità!

Pippi va verso la sua camera e guarda la madre che sospira preoccupata e rimane seduta sul divano prendendo il telecomando per alzare il volume del televisore. Pippi chiude la porta della sua camera.

Dei rumori vengono dalla camera di Pippi. La mamma accorre ed apre la porta. Pippi è distesa a terra in preda ad una crisi epilettica.

II scena (1:45)
Policlinico - Interno giorno

Arturo è nel suo studio. La finestra è spalancata. Si sente una canzone provenire dall'esterno ("La donna cannone", di Francesco De Gregori) e la voce di qualcuno che canta ripetendo le parole della canzone. La psicologa entra, prende un fascicolo ed esce di nuovo, salutando Arturo. Arturo si alza e si avvicina alla finestra per

IL GRANDE COCOMERO, di Francesca Archibugi

capitolo 5

ascoltare quella voce. In quel momento entra un'assistente con una paziente e si siedono alla scrivania di Arturo.

ASSISTENTE Arturo senti...

Arturo si alza e le fa cenno di fare un momento di silenzio. Tende l'orecchio verso la finestra, rivolto al piano superiore. Poi esce.

ARTURO *(Rivolto all'assistente)* Ci vediamo tra un momento.

Fuori incontra un collega.

COLLEGA Oh, buongiorno, bene alzato!

Arturo segue la voce. Va al piano superiore. Arriva alla camera da cui proviene la voce. Fuori, seduta su una sedia, la mamma di Marinella legge e aspetta.

ARTURO Scusi, chi è che sta cantando?

MAMMA DI MARINELLA È un'amica di mia figlia.

ARTURO Una degente...

MAMMA DI MARINELLA No, è la figlia di uno psichiatra al piano di sotto.

Dalla stanza esce il medico, collega di Arturo.

COLLEGA *(Ad Arturo)* Ohei, ciao!

ARTURO Ciao!

MAMMA DI MARINELLA *(Al medico)* Salve!

(Ad Arturo) E... va spesso a trovare suo padre e da qualche settimana gioca con mia figlia.

ARTURO Sono il padre, *(ridendo)* cioé sono lo psichiatra del piano di sotto.

MAMMA DI MARINELLA *(Si alza e dà la mano ad Arturo)* Ah, che piacere. Ho chiesto a Pippi da molto tempo di incontrarLa.

ARTURO Ah, sì. E cosa le ha detto?

MAMMA DI MARINELLA Che aveva le gambe rotte.

ARTURO Le gambe rotte... *(stando al gioco)* Adesso va meglio. Sa, un po'...

MAMMA DI MARINELLA Ma Lei sapeva che veniva qui?

ARTURO Sì, sì.

MAMMA DI MARINELLA E Le ha parlato di Marinella?

ARTURO Sì, che cantano... sì, sì.

La mamma di Marinella e Arturo si affacciano alla porta della stanza. Marinella è distesa immobilizzata nel letto. Pippi è seduta accanto al letto e canta ripetendo le parole della canzone "La donna cannone". Arturo la chiama.

ARTURO Pippi...

Pippi si alza e va verso Arturo.

ARTURO Allora non me la presenti la tua amica?

III scena (1:35)

Policlinico - Interno giorno

Arturo è seduto alla scrivania nel suo studio. Pippi gli è seduta di fronte. Fuori piove a dirotto.

PIPPI Marinella mi sembra un po' triste.

ARTURO Da cosa te ne sei accorta?

PIPPI Mi guardava le gambe. Ora non le interessano più. Mi sono messa la minigonna, le muovo, ho fatto anche un balletto, ma non me le guarda più.

capitolo 5

IL GRANDE COCOMERO, di *Francesca Archibugi*

ARTURO Che vuol dire questo secondo te?

PIPPI Perché non c'è la madre?

ARTURO Gliel' ho detto io di non venire.

PIPPI Quando uno sta male non vuole che le cose cambino. Anche a me quando mi vengono...

ARTURO Cosa... cosa ti viene?

PIPPI Come cosa? Perché sto qui? Sembra che tu ti scordi che io sto male. È un male che fa schifo. Fa schifo a tutti. Anche a mamma e papà. Se ero monca o zoppa sai quante volte era meglio.

Pippi si infila in testa un casco di protezione.

PIPPI Eccomi, ce l'ho obbligatorio a scuola. *(Silenzio)*
Tu credi di conoscermi *(una lacrima le riga il viso)*, ma io non sono io quando sto qua.

Arturo si alza, le va vicino e le prende il viso tra le mani.

ARTURO Mi dirai tu che cosa dobbiamo fare per Marinella. *(Inginocchiandosi)* Perché... senti delle cose in più.

IL GRANDE COCOMERO, di *Francesca Archibugi*

5 *capitolo*

ATTIVITÀ DIDATTICHE

Durata della sequenza: I scena 2:55 - II scena 1:45 - III scena 1:35
Personaggi: Pippi (italiano standard con leggero accento romano), Arturo (italiano standard con leggero accento romano), la mamma di Pippi (varietà regionale romana), Michelone, (forte accento romano), assistente (italiano standard), collega di Arturo (italiano standard), mamma di Marinella (italiano standard)
Relazione sonoro/immagini: complementare, parallela
Difficoltà di comprensione: ✷✷

1 Motivazione

a. • Quali caratteristiche dovrebbe avere un buon ospedale? Scrivete i primi dieci aggettivi che vi vengono in mente.

b. • Quali sono i sintomi dell'epilessia e quali possono esserne le cause? Cercate nel dizionario o in una enciclopedia queste informazioni.

c. •• Da che cosa nasce l'incomunicabilità fra genitori e figli? Discutete con un compagno e poi con la classe su quelle che considerate le cause principali di questo problema.

d. • Guardate la I scena senza sonoro e prendete appunti sulle azioni e gli ambienti. Quale potrebbe essere il contenuto del dialogo fra madre e figlia?

e. • Guardate la II scena senza sonoro e osservate le stanze di ospedale, i pazienti e il personale medico: che cosa vi colpisce rispetto alle vostre esperienze in ospedali italiani o del vostro Paese?

f. • Guardate la III scena senza sonoro e immaginate quale può essere il motivo per cui Pippi si infila una specie di casco davanti a Arturo.

2 Globalità

a. • Procedete ora alla visione delle tre scene complete di sonoro e decidete quali fra queste affermazioni sono vere o false:

	VERO	FALSO
- La mamma non crede che Pippi abbia fumato uno spinello	❏	❏
- Pippi va a trovare sempre sua sorella in ospedale	❏	❏
- Arturo è lo zio di Pippi	❏	❏
- Pippi si vergogna di soffrire di epilessia	❏	❏

IL GRANDE COCOMERO, di *Francesca Archibugi*

Analisi

a. • Cercate nella sceneggiatura le informazioni per poter completare queste frasi:

- La mamma di Pippi pensa che sua figlia si inventi spesso delle cose non vere perché _____

- Secondo la mamma di Marinella, la ragazza che sta cantando è _____
_____

- Pippi ha capito che Marinella sta peggiorando perché _____
_____

b. • Osservate i diversi modi di salutare secondo il diverso grado di formalità e il rapporto fra gli interlocutori. Inserite nei riquadri le parole che usano per salutarsi Arturo e i suoi colleghi (rapporto fra pari) e la madre di Marinella e Arturo (rapporto inferiore-superiore):

ARTURO

ASSISTENTE

COLLEGA

MAMMA DI MARINELLA

c. • Cercate nella sceneggiatura le frasi che hanno lo stesso significato di quelle seguenti, ma usano strutture e scelte lessicali tipiche dell'italiano parlato di registro informale, e scrivetele qui a fianco:

- Chi sta cantando? _____

- Se fossi stata senza mani o senza _____
  una gamba sarebbe stato molto meglio. _____

- Le ho detto io di non venire. _____

IL GRANDE COCOMERO, di *Francesca Archibugi*

5 *capitolo*

d. • Decidete quali preposizioni usare in queste espressioni di tempo:

FRA PER IN
DA TRA

ci vediamo		un momento
ho chiesto a Pippi		molto tempo di incontrarLa
va spesso a trovare suo padre e		qualche settimana gioca con mia figlia

e. • Cercate in questo elenco di parole relative alle persone che si possono incontrare in un ospedale, quelle che corrispondono alle due definizioni date:

inserviente psichiatra infermiere chirurgo assistente specialista degente internista
impiegato paziente barelliere volontario visitatore malato fisioterapista anestesista

_____ = persona ricoverata in ospedale;
_____ = chi cura i disturbi della mente

4 Sintesi

a. • Scrivete un dialogo con almeno 10 battute fra Pippi e la mamma di Marinella, seguendo queste indicazioni:
Ambientazione: camera di Marinella. Pippi si trova seduta accanto al letto della bambina, le parla, le fa vedere le gambe che si muovono, comincia a cantare una canzone. Entra la mamma di Marinella che non l'ha mai vista prima. Pippi la saluta e le parla di sé inventando un sacco di bugie.

b. • Pippi e gli altri cantano *La donna cannone* di Francesco De Gregori. Come si potrebbero spiegare le parole della canzone riferite alla storia di Pippi, Marinella e degli altri piccoli pazienti del reparto di psichiatria infantile descritto nel film?

c. • "Quando sto con Arturo sento che quello che c'è fuori viene dentro e quello che c'è dentro viene fuori. No, al contrario, quello che c'è dentro va un po' di lato, viene fuori e quello che da sotto..." Cosa cerca di spiegare Pippi?

d. •• Prendendo spunto dal film, simulate con un compagno un dialogo fra Pippi e Arturo.

IL GRANDE COCOMERO, di *Francesca Archibugi*

e. •• Gli psichiatri sono solo degli "strizzacervelli": siete d'accordo con questa affermazione? Motivate la vostra opinione discutendo con un compagno, dopo avere scritto una scaletta di argomenti a favore della vostra tesi.

5 Spunti per la riflessione

- varietà romana (pronuncia, intonazione, scelte lessicali)
- italiano parlato di registro informale
- salutare, chiedere per sapere, invitare a fare
- presente indicativo, passato prossimo
- preposizioni nelle espressioni di tempo
- lessico relativo alle malattie, all'ospedale
- ospedali italiani
- epilessia
- psichiatria infantile
- rapporto genitori-figli
- disagi psicologici dell'infanzia
- droghe leggere

6 E adesso guardiamo tutto il film

• Se avete la possibilità di vedere il film per intero, trovate la risposta alle seguenti domande:
- Che cosa avevano diagnosticato i medici a Pippi?
- Arturo che tipo di specializzazione medica ha?
- Il prete amico di Arturo che cosa gestisce?
- Pippi mangia solo _____
- Il titolo è ripreso da una storia di Linus: di cosa parlava?
- Che problemi hanno i genitori di Pippi?
- Il "ragazzo delle linee" crede che _____
- Qual è la richiesta di Arturo agli infermieri riuniti in assemblea?
- Che rapporto si crea fra Pippi e Marinella?
- Arturo è separato dalla moglie: che cosa lo tormenta ancora del suo passato coniugale?
- Pippi come riesce a guarire dalla sua malattia?

capitolo 6

IL TORO
di *Carlo Mazzacurati*

IL TORO

con
Diego Abatantuono

Due volte
premiato a Venezia:

**Leone
d'Argento al film**

**Coppa Volpi
a Roberto Citran**

con
ROBERTO CITRAN

Regia di
CARLO MAZZACURATI

capitolo 6

IL TORO, di *Carlo Mazzacurati*

Biofilmografia

Regista: Carlo Mazzacurati
Nato a Padova nel 1956. Nel 1979 sperimenta il 16 mm con *Vagabondi*, un cortometraggio che viene segnalato alla rassegna "Filmaker". L'esordio avviene con un film giallo, nel 1987, *Notte italiana* a cui fanno seguito *Il prete bello* (1989), *Un'altra vita* (1992), *Il toro* (1994), *Vesna va veloce* (1996).

Film

IL TORO (1994)
È la storia di due disoccupati e del loro viaggio in camion verso Est, attraverso due frontiere, per vendere un toro: Corinto. Il viaggio porta i due nelle retrovie della Slovenia dove il toro viene sequestrato da un capostazione che vorrebbe ammazzarlo per sfamare i profughi. Recuperato Corinto, i due scoprono facce e storie, si fermano presso una famiglia contadina croata in attesa di un pezzo di ricambio del camion. All'arrivo in Ungheria non c'è più l'aiuto di un ex-dirigente comunista detronizzato e si ritrovano sul lago Balaton a chiedere aiuto a un losco faccendiere italiano. Corinto si è ammalato. L'aiuto inatteso verrà nel momento in cui i due meditano di abbandonare il toro in mezzo alla pianura magiara.

Cast

Regia: Carlo Mazzacurati
Aiuto regista: Marina Zangirolami
Sceneggiatura: Carlo Mazzacurati, Sandro Petraglia, Umberto Contarello, Stefano Rulli
Interpreti: Diego Abatantuono, Roberto Citran, Marco Messeri, Alberto Lattuada, Marco Paolini, Paolo Maria Veronica, Davide Dal Fiume, Roberto Zamengo, Lucia Vasini, Vasco Mirandola, Peter Cleal, Roby Rol, Gera Zoltan, Mirta Zecevic, Silvia Tognara

Fotografia: Alessandro Pesci
Scenografia: Leonardo Scarpa
Arredamento: Mauro De Luca
Costumi: Lina Nerli Taviani
Montaggio: Mirco Garrone
Musiche: Ivano Fossati
Produzione: Luciano Luna per la Officina Cinematografica e Penta Film
Durata: 108 minuti

IL TORO, di *Carlo Mazzacurati*

Commento

 Il toro ha la sua peculiarità nell'atmosfera "quietamente caotica" che fa da corollario al racconto: la disoccupazione e cassintegrazione in Italia; il disagio e le traversie dei Paesi dell'Est; il dramma dei profughi nella ex Jugoslavia, gli squilibri psicologici ed economici provocati dalla caduta del comunismo. Ma è anche un "road movie" che racconta con cristallina bellezza il valore dell'amicizia, non solo quella che nasce fra i due protagonisti - i due magliari fuggitivi, due poveri delusi e umiliati, falliti e sconfitti: il vitale Diego Abatantuono e il sommesso Roberto Citron, ma quella più celata tra i popoli che vivono i diversi Paesi attraversati.

Il film resta nella nostra coscienza per la sua tensione a narrare le mosse di un'Italia di oggi nella sua barbarie e il consumismo occidentale che ha distrutto il rapporto con la madre-terra. Nonostante ogni scivolamento morale, c'è la speranza, qualcosa di saldo - come l'amicizia - cui chiedere la salvezza. Un segno poetico è la splendida fotografia di Alessandro Pesci e la colonna sonora di un grande Ivano Fossati che riescono ad essere parte integrante del film e, come dice Carlo Mazzacurati, "si portano dietro anche uno stile e un'idea di cinema".

Marcella Continanza

Dialogo

I scena (2:00)

Stazione di Klanjec - Esterno giorno

Franco e Loris hanno superato la frontiera con la Slovenia corrompendo un uomo che ha fatto salire il loro toro su un treno, mentre loro hanno proseguito in camion. Giunti a Klanjec cercano il treno su cui era salito il toro, ma non lo trovano.

LORIS Se n'è andato.

FRANCO E va bene, stai calmo, stai calmo! Adesso chiediamo.

LORIS A chi?

FRANCO A chi? Solo domande sai fare tu? *(Rivolto ad una signora che fa pulizie su un vagone)* Signora, buongiorno, mi scusi. Ha visto passare un grande treno carico di tori?

La signora risponde in sloveno. Franco cerca di farsi capire.

FRANCO Non c'è qui il caposta......? *(La signora continua a parlare in sloveno)* Qualcuno? Il capo, quello con la paletta.... Capostazione... (Franco rinuncia). Grazie, arrivederci.

Franco e Loris raggiungono il capostazione che è intento ad aiutare alcuni profughi jugoslavi a scendere da un camion.

FRANCO *(Al capostazione)* So che non è il momento questo. Noi, italiani...

capitolo 6

IL TORO, di *Carlo Mazzacurati*

Il capostazione gli fa capire che non ha tempo. Franco lo aiuta a far scendere alcuni profughi dal camion.

FRANCO Noi cercare... essere arrivato un treno pieno... carico di tori... molti tori... è stato scaricato un grande toro?

Il capostazione a questo punto dà ascolto a Franco.

CAPOSTAZIONE Un toro, grande toro...

FRANCO *(Spiegandosi a gesti)* Grande toro. *(Stupito sentendo il capostazione parlare in italiano)* Tu parla italiano?

CAPOSTAZIONE Sì.

FRANCO *(A Loris)* Parla italiano.

LORIS Ah!

FRANCO Eh, essere qui il toro?

Stazione - Interno giorno

CAPOSTAZIONE Carne bovina. Un chilo costa ventimila dinari. Toro peso 1000 chili, totale venti milioni, questa è cifra che io ho pagato.

FRANCO Vabbè, ma quant'è in lire italiane?

CAPOSTAZIONE Circa cinque milioni.

FRANCO Vabbè ma è ridicolo, ma vale molto di più il toro.

Il capostazione indica fuori dalla finestra.

CAPOSTAZIONE Tu vedi quel treno lì?

FRANCO Sì.

CAPOSTAZIONE Fermo tre mesi. Dentro trecento persone. Vengono da zona di guerra.

FRANCO Mi dispiace. E il toro cosa c'entra?

CAPOSTAZIONE Toro è mille chili di carne. Io darò loro domani.

II scena (1:55)
Casa di Sandor - Interno giorno

Franco e Loris bussano alla porta di un loro vecchio fornitore, Sandor.

FRANCO Sandor, siamo Loris e Franco, amici italiani.

Sandor apre la porta.

FRANCO Amici italiani, Franco e Loris, ti ricordi? Ci hai portato duemila vitelli, in Italia venuto da noi.

LORIS Loris.

FRANCO Franco. A casa nostra. Ti ricordi? Sandor...

Sandor non li riconosce e chiude la porta. Riapre subito.

SANDOR Cooperativa Il Sole?

FRANCO E LORIS *(In coro)* Cooperativa Il Sole, bravo!

SANDOR Venite, scusa.

FRANCO Grazie.

LORIS Grazie.

Sandor offre da bere a Franco e Loris.

SANDOR Loris, passati quanti anni? Dieci? Ricordo tua stalla molto buona. Come va l'allevamento?

LORIS Beh, adesso non tanto bene, faccio solo vitelli.

SANDOR Buona idea, se tu vuoi latte in polvere, adesso io vendo latte in polvere.

FRANCO Come, vendi latte in polvere? E la cooperativa?

SANDOR No più cooperativa. Adesso privato, inglesi comprato cooperativa. Mr. Ross molti soldi.

IL TORO, di *Carlo Mazzacurati*

FRANCO <u>Ma tu non... non più capo di cooperativa?</u>

SANDOR <u>A te questa sembra casa di capo? Franco! Tutto cambiato!</u> Ma se tu vuoi comprare animali, io posso.

LORIS Noi non siamo venuti qua per comprare. Vogliamo vendere.

SANDOR Vendere? Cosa?

LORIS Un toro. Un toro da monta. *(A Franco)* Dagli i documenti. Dai!

FRANCO *(Porgendo i documenti a Sandor)* <u>This is the document.</u>

LORIS È il miglior alzatore che abbiamo in Italia. Numero uno.

Sandor guarda i documenti e le foto.

SANDOR *(Annuendo)* Corinto? Bello...molto bello.

III scena (3:45)
Festa di nozze - Interno/esterno sera

Sandor porta Loris e Franco ad una festa di nozze dove potranno incontrare Mr. Ross. Alla ricezione una ragazza parla al telefono in inglese. Poi si rivolge a Sandor. Franco e Loris non capiscono.

FRANCO Che ha detto?

SANDOR <u>Mr. Ross viene in poco tempo.</u>

FRANCO Sicuro?

SANDOR Sicuro, sicuro.

Loris entra nella sala dove si svolge la festa. Un invitato invita la sposa a ballare. Anche Sandor e Franco sono entrati nella sala. La sposa fa un giro di ballo con tutti gli invitati. Franco vede la ragazza che era in ricezione e la avvicina.

FRANCO <u>When Mr. Ross is here?</u>

RAGAZZA <u>I don't understand.</u>

FRANCO <u>When...</u> Quanto tempo...

Sandor sembra voler fare un giro di ballo con la sposa, ma un invitato lo prega di andarsene con tono arrabbiato. Sandor cerca di calmarlo ed esce. Si va a sedere su una panchina all'esterno. Loris lo raggiunge.

LORIS Perchè ce l'aveva con te?

SANDOR Cose vecchie.

Loris si siede sulla panchina accanto a Sandor.

LORIS E adesso le cose come vanno?

SANDOR Non è male, è diverso. <u>Ma io capisco loro. Comunismo è cosa vecchia. Tutto deve cambiare, anch'io cambiato.</u>

LORIS *(Sorridendo)* Ti sei tagliato anche i baffi!

SANDOR Sì, ma a loro non basta.

LORIS Ma adesso qui c'è lavoro per te?

SANDOR Quello sì, io so fare tante cose. Io servo loro. Mi chiamano e io vado. Vedo bestie, do consigli, poi torno a casa, <u>vedo TV.</u> *(Pausa)* Sto bene.

Sandor sente una macchina arrivare. Si alza e le va incontro. È Mr. Ross che arriva.

capitolo 6

IL TORO, di *Carlo Mazzacurati*

IL TORO, di *Carlo Mazzacurati*

ATTIVITÀ DIDATTICHE

Durata della sequenza: I scena 2:00 - II scena 1:55 - III scena 3:43
Personaggi: Franco (varietà settentrionale), Loris (varietà settentrionale), capostazione (italiano con accento straniero e errori), Sandor (italiano con accento straniero e errori).
Relazione sonoro/immagini: complementare, parallela
Difficoltà di comprensione: ✽

1 Motivazione

a. • Scrivete in 5 minuti tutte le parole italiane che conoscete che hanno qualche relazione con il concetto di "bestiame".

b. • Descrivete la prima immagine che vi viene in mente sentendo la parola "toro".

c. •• Provate a immaginare con un compagno l'ambientazione e la trama di un film intitolato "Il toro". Ogni coppia illustrerà poi al resto della classe la propria storia.

2 Globalità

a. • Guardate la I scena (alla frontiera con la Slovenia) e completate poi questa frase:

Il toro che Loris e Franco stanno cercando è stato _____ dal capostazione sloveno, che ha deciso di darlo _____

b. • Guardate la II scena (a casa di Sandor) e rispondete poi a queste domande:

- Loris e Franco come avevano conosciuto Sandor?_____
- Cosa vende ora Sandor?_____
- Perché Loris e Franco sono venuti a cercarlo?_____

c. • Guardate la III scena (alla festa di nozze) senza sonoro e provate ad immaginare quali possono essere le battute dei personaggi. Per quale motivo il padre della sposa non vuole che Sandor balli con la figlia? Fate delle ipotesi e poi rivedete la scena completa di sonoro per verificarle.

3 Analisi

a. • Correggete gli errori in queste battute pronunciate dai personaggi stranieri e da Franco, nel tentativo di farsi capire meglio dagli interlocutori che non parlano italiano:

capitolo 6

IL TORO, di *Carlo Mazzacurati*

- Noi cercare... essere arrivato un treno pieno di tori?
- Tu parla italiano?
- Eh, essere qui il toro?
- Toro peso 1000 chili, totale venti milioni.
- Tu vedi quel treno lì? Fermo tre mesi. Dentro trecento persone. Vengono da zona di guerra.
- Toro è mille chili di carne. Io darò loro domani.
- In Italia venuto da noi.
- Venite, scusa.
- Passati quanti anni? Ricordo tua stalla molto buona.
- No più cooperativa. Adesso privato, inglesi comprato cooperativa. Mr. Ross molti soldi.
- Mr. Ross viene in poco tempo.
- Io capisco loro. Tutto deve cambiare, anch'io cambiato.

b. • Rileggete le battute corrette dell'esercizio precedente, confrontatele con la sceneggiatura per individuare a chi appartengono, e decidete quali sono gli errori più caratteristici commessi dal capostazione (sloveno), da Sandor (ungherese) e da Franco mentre parla con degli stranieri. Segnate una crocetta nello spazio corrispondente:

	capo-stazione	Sandor	Franco
1. mancano gli articoli			
2. i verbi sono sempre all'infinito			
3. mancano gli ausiliari "essere" e "avere" nel passato prossimo			
4. le preposizioni			
5. i pronomi personali			
6. manca il verbo "essere"			

c. • Ecco una lista di vocaboli dell'area semantica relativa al "bestiame": sottolineate quelli che vengono usati nelle tre scene del film.

vitelli	latte in polvere	vitelloni	mucche
toro da monta	macellazione	alzatore	stalla
allevamento	bestie	manzo	vacche

d. • Alcuni dei vocaboli elencati nell'esercizio precedente sono sinonimi: quali?

_____

IL TORO, di *Carlo Mazzacurati*

e. Nella I scena il capostazione dice quanto pesa Corinto in chili, ma per un animale così grosso un italiano avrebbe usato un'altra unità di peso. Osservate queste corrispondenze e esprimete il peso del toro in un altro modo.

   100 grammi = 1 etto; 10 etti = 1 chilo; 100 chili = 1 quintale; 1.000 chili = 1 tonnellata
   Corinto pesa _____

f. Nella sceneggiatura cercate l'espressione idiomatica usata da Loris al posto di "era arrabbiato con te": _____

g. In che cosa è cambiato Sandor rispetto a prima? Cercate nella sceneggiatura le frasi che esprimono questo cambiamento:
   _____
   _____

4 Sintesi

a. Franco è convinto che Corinto sia un animale eccezionale: immaginate di dover parlare per cinque minuti sulle caratteristiche del toro per convincere un possibile acquirente e registrate poi il vostro monologo.

b. Riscrivete il dialogo della II scena cambiando solo questi particolari:
   - Sandor conosce l'italiano perfettamente.
   - Sandor riconosce subito Loris e Franco.
   - Sandor è ancora a capo della cooperativa ed è molto interessato a comprare Corinto.
   - Sandor offre a Loris e Franco di acquistarlo per cinque milioni.
   - Loris e Franco dicono che vale molto di più e propongono una cifra 10 volte più alta.
   - Dopo molte contrattazioni si trova un accordo sul prezzo.

c. Con un compagno inventate un dialogo fra Sandor e il padre della sposa: uno impersona il padre della sposa che accusa Sandor di avere avuto tanti privilegi durante il regime comunista in Ungheria, l'altro impersona Sandor che si giustifica e risponde alle accuse.

d. In base a quello che sapete per le vostre personali conoscenze, o utilizzando articoli e libri di storia, spiegate cosa intende Sandor quando dice "Tutto è cambiato".

IL TORO, di *Carlo Mazzacurati*

5 Spunti per la riflessione

- varietà regionali settentrionali
- italiano parlato di registro informale e italiano colloquiale
- italiano degli stranieri, italiano semplificato di chi parla con stranieri (foreigner-talk)
- chiedere per sapere, narrare fatti passati, descrivere, cercare di convincere a fare qualcosa
- imperativo, infinito, passato prossimo, pronomi personali, articoli, preposizioni
- lessico relativo al bestiame, alle misure di peso
- disoccupazione
- commercio con i paesi dell'Europa orientale
- Ungheria
- caduta dei regimi comunisti dell'Europa Orientale (fine anni Ottanta)
- guerra civile della ex-Jugoslavia (inizio anni Novanta)
- festa di nozze in Ungheria

6 E adesso guardiamo tutto il film!

- Se avete la possibilità di vedere il film per intero, trovate la risposta alle seguenti domande:
- Dove si sono conosciuti Franco e Loris?
- Che lavoro faceva Franco prima di essere licenziato?
- Perché Franco ruba il toro di nome Corinto all'azienda in cui lavorava?
- Cosa rende il toro così speciale?
- Alla frontiera italiana un uomo prende da Franco 250.000 lire: qual è il patto fra loro?
- Quando si rompe il camion, Franco e Loris chiedono aiuto a un contadino che sta scaricando un camion di legna con una ragazza e un bambino. Cosa pensate che dica la ragazza quando Franco prende il motorino per andare a cercare un meccanico? Che parentela c'è fra il vecchio e la ragazza?
- Cosa chiede a Franco il vecchio contadino, e perché lui rifiuta?
- Perché alla frontiera con l'Ungheria non vogliono far passare il toro?
- Che lavoro fa l'italiano che Loris e Franco incontrano al confine con l'Ungheria?
- Franco dà al ragazzo della frontiera il suo giubbotto: in cambio di cosa?
- Con quale sistema riescono a passare il confine ungherese?
- Perché Mr. Ross, il proprietario inglese dell'azienda ungherese, decide di non comprare il toro?
- In che modo riescono a sbarazzarsi del toro?

capitolo
7

JOHNNY STECCHINO
di *Roberto Benigni*

capitolo 7

JOHNNY STECCHINO, di *Roberto Benigni*

Biofilmografia

Regista: Roberto Benigni
Nato a Misericordia (Arezzo) nel 1952. Attore di TV e di teatro. Esordisce nel 1983 con *Tu mi turbi* a cui fanno seguito *Il Piccolo diavolo* (1988), *Johnny Stecchino* (1991), *Il mostro* (1993). Attore in *Minestrone* (Sergio Citti, 1981), *Tutto Benigni* (Giuseppe Bertolucci, 1986), *Daunbailò* (Jim Jarmush, 1986), *La voce della luna* (Federico Fellini, 1989), *Il figlio della pantera rosa* (Blake Edwards, 1994).

Film

JOHNNY STECCHINO (1991)
Dante, conducente d'autobus scolastico, viene investito una sera da una macchina alla cui guida c'è una donna molto bella, Maria. Ne esce indenne. Il giorno successivo incontra sulle scale di casa la stessa donna che gli chiede aiuto: ha bisogno di una toilette. Dante le offre il bagno di casa sua. Parlano a lungo e diventano amici. Si rivedono e Maria lo invita a Palermo. Dante crede a una storia d'amore e parte per Palermo, ma qui, tra varie esilaranti avventure, scopre che l'amore di Maria è solo un bluff. Dante assomiglia infatti ad un noto boss, Johhny Stecchino, e la mafia ha architettato un piano: uccidere Dante per permettere al boss di fuggire. Alla fine sarà comunque la stessa Maria a salvarlo.

Cast

Regia: Roberto Benigni
Aiuto regista: Gianni Arduini
Soggetto e sceneggiatura: Vincenzo Cerami e Roberto Benigni
Interpreti: Nicoletta Braschi, Paolo Bonacelli, Franco Volpi, Ivano Marescotti, Turi Scalia, Loredana Romito
Fotografia: Giuseppe Lanci
Scenografia: Paolo Biagetti
Costumi: Gianna Gissi

Montaggio: Nino Baragli
Operatore: Franco Bruni
Fonico: Remo Ugolinelli
Organizzatore generale: Alessandro von Normann
Produzione: Mario e Vittorio Cecchi Gori per Cecchi Gori Group Tiger Cinematografica/Penta Film
Durata: 125 minuti

JOHNNY STECCHINO, di *Roberto Benigni*

7
capitolo

Commento

Roberto Benigni ha sconfitto la Mafia a colpi di risate. Col suo umorismo dissacrante ha messo in ginocchio la potente malavita organizzata, sulla quale mai nessuno in precedenza aveva osato scherzare.

Nel film, l'allegro toscanaccio interpreta il doppio ruolo di un feroce boss pentito e dell'ingenuo Dante, suo perfetto sosia, che a causa della somiglianza con Johnny Stecchino rischia di perdere la vita.

A Palermo Dante diventa il protagonista involontario di una girandola esilarante di equivoci che lo spingono in un mondo a lui estraneo, dove con sommo stupore conosce ministri cocainomani, commissari corrotti e giudici collusi. Il suo destino sembra simile a quello dell'agnello sacrificale ma, inaspettatamente, il suo amore e soprattutto la sua ingenuità fanno breccia nel cuore di Maria, la seducente donna del boss. E proprio la ragazza farà fallire il piano di Johnny, consegnandolo nelle mani di Cozzamara, capo del clan rivale.

Benigni è sempre convincente e divertente, sia quando fa il verso a Marlon Brando parlando in maniera strascicata, sia quando dà vita alle azioni strampalate di Dante. Talvolta a fargli da spalla è un giovane attore down, portato sullo schermo ben cinque anni prima de *l'Ottavo giorno*, il film che si è aggiudicato la Palma d'Oro al Festival di Cannes.

Pierluigi Fiorenza

Dialogo

I scena (3:28)

Strada - Esterno sera

Dante è fermo in mezzo alla strada e accarezza un cane. Arriva una macchina con una donna al volante che sta per investirlo. Dante cade a terra.

MARIA Santa Cleopatra! Si è fatto male?

DANTE Eh, no, no, niente, grazie.

MARIA È sicuro? Tutto a posto?

DANTE Sì, sì, tutto bene.

MARIA Meno male. Mi scusi, mi scusi tanto. È tutta colpa mia, stavo per ammazzarla.

(Provando a mettere in moto la macchina) Che gli è successo? Questa cittadina è deliziosa ma uscirne è piuttosto difficile. La seconda dopo il cavalcavia. Un labirinto. A proposito sa dirmi dov'è l'autostrada?

DANTE Sì, è qui a 200 metri. Posso dare una mano?

MARIA Sì, grazie. Provi a mettere in moto. Questa sera sto proprio approfittando di Lei, eh?

JOHNNY STECCHINO, di *Roberto Benigni*

DANTE No, no. *(Rivolgendosi alla macchina)* Dai!

MARIA Bravissimo. Che fortuna! Grazie. Beeh, che schifo! Santa Cleopatra, mi sono tutta unta!

DANTE Buonanotte.

MARIA Buonanotte. Un sogno. Io sto sognando: Lei è un sogno. Come si chiama Lei?

DANTE Dante.

MARIA Dove abita?

DANTE Qui, al condominio.

MARIA È meraviglioso. Lei è mera... *(cade svenuta)*.

DANTE Oh! Oh! Signorina, signorina, toh, è svenuta! Signorina, su, su, forza, è svenuta. Stavo per svenire io, è svenuta lei. Signorina, signorina, signorina, è svenuta.
Aspetti, aspetti chiamo un'autoambulanza. Aspetti, aspetti, signorina chiamo un'autoambulanza.

II scena (2:55)
Condominio di Dante - Interno giorno

Dante rientra a casa. Sulle scale si scontra con la donna che l'aveva investito con la macchina la sera precedente.

MARIA Scusi.

DANTE Scusi Lei! Buongiorno. Come mai da queste parti? Cercava qualcuno? Abita qui?

MARIA No, no. Io sono all'Hotel Excelsior. E mi trovo qui, perché cercavo, cercavo un bar, ecco.

DANTE Eh, un bar! Ah, un bar! No, qui non ci sono bar. Comunque se è per una telefonata, o un caffè, se posso essere utile....

MARIA No, grazie. È per...

DANTE Dica.

MARIA È che dovrei fare la pipì.

DANTE La pipì?

MARIA Santa Cleopatra, lo sapevo. Ora mi vergogno. È che ho preso la tangenziale, poi mi sono persa. Ho cercato.

DANTE Io non la faccio mai.

MARIA Lei non fa mai la pipì?

DANTE No, la tangenziale. Comunque, se è una cosa urgente, scusi, se vuole, può salire da me.

MARIA Sì, grazie.

DANTE *(Accompagnando la donna verso il bagno nel suo appartamento)* Ecco, qui a sinistra, resista. Ecco il bagno.

La donna ha adocchiato un dolce.

MARIA Uh, santa Cleopatra, la mia passione!

DANTE Il dolce? Ah, ne vuole un po'?

MARIA Magari, grazie.

DANTE Certamente.

MARIA Mmmm, è buonissimo. È proprio buono. L'ha preparato Sua moglie?

DANTE No, io non sono sposato.

MARIA L'ha preparato Sua madre?

DANTE No, <u>non sono nato</u>. Insomma, l'ho fatto io.

MARIA Complimenti, è buonissimo!

DANTE Grazie.

JOHNNY STECCHINO, di *Roberto Benigni*

MARIA Mi pare di aver capito che Lei vive solo.

DANTE Sì, sì, in una certa quale maniera, è una scelta... così... Ecco, se mi va di stare in silenzio sto zitto, se mi va di scambiare due chiacchiere parlo, se mi va di fare due passi vado di là in fondo, poi ritorno di qua, poi... la scelta... è una scelta di libertà, ecco.

MARIA Che bella questa foto. Che simpatica.

DANTE Io sono quello lì a sinistra, questo qui a destra è un mio amico, si chiama Lillo. Lui va matto per i dolci.

III scena (2:10)
Esterno/Interno giorno

Dante e lo zio di Maria in macchina a Palermo.

ZIO Era una bella città ma ora è bellissima: il sole, il mare, i fichi d'India, Empedocle, Archimede. Purtroppo siamo famosi nel mondo anche per qualcosa di negativo, e per esempio, quello che voi chiamate piaghe. Eh, una terribile, e Lei sa a cosa mi riferisco, è l'Etna, il vulcano che quando si mette a fare i capricci distrugge paesi e villaggi, ma è una bellezza naturale. Eh, ma c'è un'altra cosa, questa è veramente una piaga grave che nessuno riesce a risolvere, Lei mi ha già capito, <u>gli</u> è la siccità. Eh, da queste parti la terra d'estate brucia, <u>essicca</u>, una brutta cosa.

DANTE Ah sì, è una bruttisima cosa, l'avevo sentita infatti.

ZIO Ma è la natura, e non ci possiamo fare niente. Eh, ma dove possiamo fare, e non facciamo, perché in fondo, in sostanza, purtroppo, non è la natura, ma l'uomo, dov'è? È nella terza, la più grave di queste piaghe che veramente diffama la Sicilia, e in particolare Palermo, agli occhi del mondo, Lei ha già capito è inutile che io gliela dica, mi vergogno a dirlo, è il traffico. Troppe macchine, è un traffico tentacolare, vorticoso che ci impedisce di vivere e ci fa nemici, famiglia contro famiglia, troppe macchine.

DANTE Scusi se l'ho messa in mezzo a questo traffico, davvero le levo un minuto per salutare Maria e vado in albergo.

ZIO No, anzi, è un piacere. Maria le ha preparato una bella stanza. Lei può restare quanto vuole, anzi deve restare.

IV scena (3:05)
Commissariato -Interno giorno

Dante entra gridando.

DANTE Carabinieri, aiuto, aiuto! Mi inseguono.

BRIGADIERE Chi è? Chi è? Che succede?

CARABINIERE Niente, non c'è nessuno.

DANTE Meno male.

BRIGADIERE Si calmi. Si sieda. Che è successo? Si può sapere? Ma che fa Lei con quella banana in mano?

DANTE Eh! Bravo! Proprio tutto per questa banana, colonnello.

Io, allora, io non sono di Palermo, no. Io sono arrivato ieri, io non sono di Palermo. A un certo punto, stamane mattina sono uscito presto per fare colazione con la banana, che

7 capitolo

JOHNNY STECCHINO, di *Roberto Benigni*

la faccio sempre. Io sono arrivato dall'ortolano, dall'ortolano qua, si chiama Nicola Travaglia. Prendo questa banana, la stavo per comprare, prendo i soldi... Eh, colonnello non la volevo comprare, Le dico la verità, qui siamo dai carabinieri, ho avuto paura, la volevo rubare. Eh, è grave? Io non sono di Palermo, non sapevo che qua si arrabbiano così per il furto di una banana. Io, insomma, non per rubarla, io perché mi diverto, mi è rimasto proprio così, non m'è riuscito bene, ho fatto così e m'è rimasta questa banana. L'ortolano l'ha visto, eh! No, ha fatto, ha chiamato tre, quattro guardie, protettori dell'*ortolaneria*, insomma, ta-ta-ta-ta m'hanno cominciato a sparare e io mi sono riparato e ho avuto paura. Via, sono scappato, e questi dietro ta-ta-ta-ta e io, insomma, dietro tutta Palermo, saranno stati dieci, venti, quaranta, con una paura tremenda. Sono vivo per miracolo.

BRIGADIERE Come si chiama Lei, scusi?

DANTE Io? Il nome mio... d'anagrafe? Dante.

BRIGADIERE Ecco, signor Dante, qui abbiamo molto da lavorare. Lei ha detto che non è di qua.

DANTE No.

BRIGADIERE A Palermo, <u>veda</u>, ci sono problemi molto grossi.

DANTE Lo so, lo so, c'è un traffico!

BRIGADIERE Ora, Lei ha fatto un'azione molto cattiva. Rubare una banana, eh, è un reato.

DANTE Scusi, si va nel penale?

BRIGADIERE Già, ma ha trovato me.

DANTE Meno male.

BRIGADIERE È fiero di aver fatto un'azione simile in una città che la ospita?

DANTE No, no. Questo no, per carità colonnello. Io, no, no, io, anzi, mi dispiace tanto. Io, prometto che non lo farò mai più.

BRIGADIERE Vedo che Lei è pentito di quello che ha fatto.

DANTE Sì, sono proprio molto pentito.

BRIGADIERE Ecco, lasci qua il corpo del reato. Provvederemo noi a recapitare al legittimo proprietario, l'ortolano Nicola Travaglia, la sottoscritta banana. L'importante è che si è pentito.

DANTE Quello sì, però, però è sicuro che è tutto sistemato? Posso uscire tranquillo?

BRIGADIERE Tutto sistemato, può andare tranquillo.

DANTE Grazie, allora grazie, eh, grazie tante. Io me ne vado eh, posso proprio andare tranquillo, no? Ecco, grazie. Sì, me ne vado. È che non sapevo che rubare una banana a Palermo era così pericoloso. Io da qui in avanti le pago tutte, eh. Arrivederci, arrivederci.

JOHNNY STECCHINO, di *Roberto Benigni*

7 *capitolo*

capitolo 7

JOHNNY STECCHINO, di *Roberto Benigni*

ATTIVITÀ DIDATTICHE

Durata della sequenza: I scena 3:28 - II scena 2:55 - III scena 2:10 - IV scena 3:05
Personaggi: Dante (forte accento regionale toscano), Maria (italiano standard), zio (forte accento regionale siciliano), brigadiere (accento siciliano), carabiniere (accento siciliano).
Relazione sonoro/immagini: complementare, parallela
Difficoltà di comprensione: ✷✷

1 Motivazione

a. •• La Sicilia quali immagini positive e quali immagini negative vi fa venire in mente? Scrivete due liste e confrontatevi poi con i vostri compagni.

b. • Avete mai visto dei film sulla mafia? Se sì, quali?

c. • Che tipi di reato vi sembrano più gravi nella società di oggi? Scrivete i primi tre, in ordine di gravità, e spiegate per quali motivi vi sembrano particolarmente dannosi e pericolosi.

2 Globalità

a. • Guardate le quattro scene e scegliete le affermazioni corrette:

- I scena: La donna che stava per investire Dante
  - ❏ conosce bene la zona
  - ❏ è stata fidanzata in passato con Dante
  - ❏ è molto colpita da Dante

- II scena: Dante vive
  - ❏ da solo
  - ❏ con la moglie
  - ❏ con l'anziana madre

- III scena: Secondo lo zio, Palermo è una città
  - ❏ invivibile, che non offre niente di bello al visitatore
  - ❏ bellissima, dove si vive bene
  - ❏ con pregi e difetti

- IV scena: Al commissariato dei carabinieri Dante racconta
  - ❏ di avere subito un furto
  - ❏ di essere scampato ad una sparatoria
  - ❏ di avere visto sparare ad un uomo

JOHNNY STECCHINO, di *Roberto Benigni*

7 capitolo

3 Analisi

a. • Maria nella I scena usa sempre una esclamazione ("Santa Cleopatra!") che in realtà non si sente mai in italiano: quali esclamazioni si usano, invece, per esprimere meraviglia di fronte ad un fatto inatteso? Sottolineate quelle giuste in questo elenco:

anzi!   magari!   meno male!   boh!   accidenti!   figuriamoci!   oddio!   complimenti!

b. • L'attore Roberto Benigni parla con un forte accento toscano: qual è la caratteristica tipica della pronuncia toscana? Se necessario, riascoltatelo nella sequenza prima di rispondere.

c. • Ecco alcune frasi tratte dalla I scena: scrivete a fianco di ogni battuta il nome del personaggio che la pronuncia e qual è il suo scopo comunicativo (scegliendo fra le possibilità elencate ai due lati delle battute)

Dante   *scusarsi, informarsi, offrire*
Maria

	È tutta colpa mia!	
	Ne vuole un po'?	
	Come mai da queste parti?	
	Se è una cosa urgente, se vuole può salire da me	

d. • Nella II scena Maria fa un sacco di complimenti al dolce che le offre Dante e a una sua foto. Nella III scena lo zio esprime le sue opinioni su Palermo e sulla siccità. Quali espressioni usano e quali avrebbero potuto usare?

ESPRIMERE OPINIONI POSITIVE / NEGATIVE SU QUALCOSA
espressioni usate nel film

IL DOLCE	
LA FOTO	
PALERMO	
LA SICCITA'	

JOHNNY STECCHINO, di *Roberto Benigni*

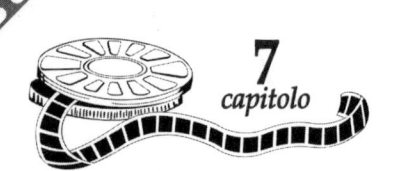

e. • La parola "*piaga*" è usata dallo zio nel suo significato metaforico di "grave male sociale". Qual è invece il significato concreto di questa parola:

❏ ondulazione di un tessuto   ❏ curva   ❏ ferita che tarda a guarire   ❏ persona noiosissima

f. • Ecco un elenco di parole relative alle aree semantiche della strada, delle auto e della legge: unite con un tratto di penna ogni parola con la definizione corrispondente dell'elenco a destra.

corpo del reato	= ponte che passa sopra una via attraversandola
reato	= ufficiale di grado elevato, al comando di un gruppo di subordinati
tangenziale	= prendere con la violenza o di nascosto ciò che è di altri
autoambulanza	= l'atto di prendere ciò che è di altri
colonnello	= corpo armato, organizzato per la difesa di persone e cose
rubare	= strada di traffico veloce che gira intorno a un centro urbano
cavalcavia	= azione illecita che va contro un divieto
pentito	= persona che prova rimorso per una cattiva azione che ha fatto
guardie	= vettura per il trasporto di ammalati o feriti
furto	= oggetto che ha permesso di eseguire un crimine

g. • Il film è pieno di equivoci e doppi sensi che creano degli effetti di grande comicità. Rileggete la sceneggiatura analizzando la comicità del dialogo per rispondere a queste domande:

II scena: Su quale parola si basa l'equivoco fra Dante e Maria?
_____

Cosa vuole sapere in realtà Maria quando chiede a Dante chi ha fatto il dolce?
_____

III scena: Lo zio parla a Dante dei gravi problemi di Palermo e dice: "Lei sa a cosa mi riferisco... Lei ha già capito, mi vergogno a dirlo...". Queste frasi generiche, a quale problema fanno pensare prima di tutti?
_____

Quali problemi descrive invece lo zio?
_____

IV scena: Quale scambio di battute riprende l'equivoco sui problemi di Palermo?
_____

JOHNNY STECCHINO, di *Roberto Benigni*

7 capitolo

4 Sintesi

a. •• Ecco come descrive Dante la sua vita da single: "Se mi va di stare in silenzio sto zitto, se mi va di scambiare due chiacchiere parlo, se mi va di fare due passi vado di là in fondo, poi ritorno di qua. Poi la scelta è una scelta di libertà, ecco". Siete d'accordo con le sue motivazioni? Costruite con un compagno una scaletta di pro e contro sulla vita di chi sceglie di vivere da solo.

b. • Rimettete nell'ordine giusto le parti di questo breve testo che riassume il discorso dello zio a Dante, mentre attraversano Palermo in macchina.

❏ ci sono però dei gravi problemi:
❏ la siccità dovuta al clima arido dell'estate,
❏ Palermo è una città famosa per il clima, la natura,
❏ l'Etna che con le sue eruzioni ha distrutto i paesi dei dintorni,
❏ e il traffico che rende invivibile il centro della città.
❏ la vegetazione, ma anche per il suo passato culturale;

c. •• Dante al commissariato commenta: "Non sapevo che qua si arrabbiano così per il furto di una banana". In realtà, perché qualcuno gli aveva sparato mentre stava rubando una banana? Fate le vostre ipotesi con un compagno, leggete poi la trama del film per trovare quella giusta e cercatene infine altre plausibili (anche se fantasiose) da proporre alla classe.

d. •• Inventate con un compagno un'altra situazione paradossale basata su un equivoco e create un breve dialogo da rappresentare poi di fronte alla classe.

e. • Il brigadiere al commissariato congeda Dante con queste parole: "Provvederemo noi a recapitare al legittimo proprietario la sottoscritta banana, lasci qui il corpo del reato". Come avrebbe potuto dire le stesse cose, senza usare il linguaggio burocratico? _____
_____

f. • Il brigadiere dei carabinieri torna a casa e racconta in famiglia il caso che gli è capitato ieri al commissariato (completate il racconto):

"Ieri è venuto un tipo strano: non era di Palermo, _____
_____
_____

È arrivato tutto trafelato chiedendo aiuto e quando lo abbiamo fatto calmare ci ha raccontato che _____
_____
_____
_____

capitolo 7 — JOHNNY STECCHINO, di *Roberto Benigni*

_____

Allora io l'ho un po' rimproverato, gli ho chiesto se era pentito e alla fine _____
_____
_____

Secondo me si è inventato tutto: figuriamoci se per il furto di una banana _____
_____ !"*

5 Spunti per la riflessione

- varietà toscana e siciliana
- linguaggio burocratico
- scusarsi, offrire, accettare, esprimere giudizi, descrivere, narrare fatti passati, rimproverare
- aggettivi superlativi
- presente indicativo, passato prossimo, imperfetto indicativo
- lessico relativo alla strada, alle automobili, alla legge
- vita da single
- attrattive e problemi di Palermo
- Sicilia: Etna, siccità, traffico, Mafia, "pentiti"

6 E adesso guardiamo tutto il film!

- Se avete la possibilità di vedere il film per intero, trovate la risposta alle seguenti domande:
- Maria sembra aver avuto un colpo di fulmine per Dante: in realtà _____
- Dante è sinceramente attratto da Maria: cosa le scrive su un bigliettino nel locale elegante dove vanno insieme?
- Perché il vero Johnny è chiuso nel bunker di casa sua da 18 mesi?
- Quali sono le due fissazioni del vero Johnny?
- Perché Dante prende il treno per la Sicilia?
- Maria, l'avvocato e Johnny cosa avevano progettato su Dante?
- Il giudice di Cassazione consiglia a Dante "di non pentirsi": a cosa si riferisce? Cosa capisce invece Dante?
- L'equivoco continua a teatro, dove uno del pubblico grida a Dante: "La devi pagare!" Cosa intendeva dire? Cosa capisce invece Dante?
- Un altro equivoco nasce quando alla festa il ministro dice a Dante: "Lei mi deve dare la sua assicurazione". Cosa intendeva dire? Cosa capisce invece Dante?
- Qual è l'equivoco sulla cocaina?
- Il film riserva un finale a sorpresa: quale?

capitolo **8**

NEL CONTINENTE NERO
di *Marco Risi*

capitolo 8

NEL CONTINENTE NERO, di *Marco Risi*

Biofilmografia

Regista: Marco Risi
Nato a Milano nel 1951. Esordisce come assistente del film *Una stagione all'inferno* (1971) e scrive sceneggiature. Nel 1981 esce il suo primo film *Vado a vivere da solo* a cui fanno seguito *Un ragazzo e una ragazza* (1983), *Colpo di fulmine* (1985), *Soldati 365 all'alba* (1987), *Mery per sempre* (1989), *Ragazzi fuori* (1990), *Muro di gomma* (1991), *Nel continente nero* (1992), *Il branco* (1994).

Film

NEL CONTINENTE NERO (1992).
A Malindi, in Kenia, arriva per la morte del padre, che qui viveva da anni, un giovane ingegnere, Alessandro Benini. Deve sbrigare alcune pratiche burocratiche riguardanti l'eredità. Ma il padre ha lasciato solo debiti, e tutto si complica per Benini. La polizia gli sequestra il passaporto, poi finisce in galera alla mercé del proprietario di un albergo per turisti, l'affarista e cialtrone Fulvio Colombo che a Malindi spadroneggia. Intorno ai due, i peggiori rappresentanti della categoria "italiani all'estero". E ancora prelati, faccendieri, politicanti che svernano in questa fetta d'Africa animista e selvaggia durante le feste di Capodanno.

Cast

Regia: Marco Risi
Soggetto: Marco Risi, Andrea Purgatori, Maurizio Tedesco
Sceneggiatura: Marco Risi, Andrea Purgatori
Interpreti: Diego Abatantuono, Corso Salani, Ivo Garrani, Anna Falchi, Tony Sperandeo, Cinzia Monreale, Gianfranco Barra, Bruno Corazzini, Andrea Belfiore, Maurizio Mattioli, Nanni Tamma, Bernard Chaperon, Luigi Burruano, Antonio Buonanno, Luciana Cirenei, Luciano Stella, Antonio Iuorio, Fernando Vischi, Paolo Buzzurro, Fabrizia Sacchi, Alessia Strini, Pierfrancesco Bruni, Alessandra Panelli, Lucia Stara
Fotografia: Mauro Marchetti
Scenografia: Davide Bassan
Costumi: Roberta Guidi Di Bagno
Montaggio: Franco Fraticelli
Musiche: Manuel De Sica
Produzione: Maurizio Tedesco per Trio Cinema e Mario e Vittorio Cecchi Gori per Penta Film
Durata: 117 minuti

NEL CONTINENTE NERO, di *Marco Risi*

capitolo 8

Commento

C'è un tono civile, una denuncia sociale, negli altri film di Marco Risi (*Mery per sempre, Ragazzi fuori, Il muro di gomma*) contro l'ambiguità del potere. In questo film invece c'è un tono dissacrante di una comicità intrisa di amaro che punge con battute dialettali romanesche, a volte volgari e mordaci, e al fondo del ghigno e del sorriso sfodera il segno di un continuo sdegno. E quasi non ci si accorge che è un film un po' diseguale che, pur perdendo di vista alcuni personaggi e alcune scene, ha un registro grottesco, ha un suo intarsio che riesce a agganciare la commedia allo sdegno morale.

Il luogo scelto da Risi per ambientare la vicenda è Malindi, in Kenya, questa parte dell'Africa dove gli italiani vanno volentieri in vacanza e dove si respira un'aria di "boom" economico, di affari facili, di corruzione, amori e divertimenti. I caratteri dei due personaggi sono messi a fuoco subito: Corso Salani è riservato, elegante, Diego Abatantuono è losco, arrogante. Con loro si muove la comunità degli italiani in un'Africa selvaggia e ritualistica. Un film agro e comico, in un clima vagamente da suspense, che stilisticamente si rifà alla "tradizione della gloriosa commedia all'italiana".

Marcella Continanza

Dialogo

I scena (1:25)
Stazione di polizia - Interno

ALESSANDRO Che c'è?
COMMISSARIO <u>Vedere passaporto.</u>
Alessandro porge il passaporto al commissario.
COMMISSARIO <u>Passaporto tuo tengo io.</u>
ALESSANDRO Perché? C'è qualcosa che non va coi documenti?
COMMISSARIO No. <u>Eredità tutto in regola, tu ereditato.</u>
ALESSANDRO E allora?
COMMISSARIO <u>Tu ereditato casa, tu ereditato terra, piantagioni, allora, tu ereditato anche debiti.</u>
ALESSANDRO Debiti?
COMMISSARIO <u>Tanti debiti, tu pagare debiti e io ridare passaporto.</u>

Taxi - Esterno giorno

Alessandro è in taxi con Irene.
ALESSANDRO Fulvio Colombo.
IRENE Stava al funerale?
ALESSANDRO Ma non lo so, non so chi è, non l'ho mai visto! So solo che <u>c'ha</u> tutto in mano lui!

89

capitolo 8

NEL CONTINENTE NERO, di *Marco Risi*

IRENE Ma come, questo era socio di tuo padre e ancora non s'è fatto vivo?

ALESSANDRO E adesso vedremo. Poi lo dice lui che era socio di mio padre.

IRENE Certo, pure <u>te</u> che gli vai a dare subito il passaporto...

ALESSANDRO E me lo potevi dire <u>te</u> come dovevo fare, no?

L'auto arriva all'aeroporto, dove Colombo è già partito.

II scena (3:30)
Missione cattolica italiana - Interno

MISSIONARIO <u>Mannaggia a Santa Pupa</u>, ma tu dimmi se per colpa di uno stronzo venuto da Roma mi devo mettere ad aggiustare questa roba qua proprio adesso.

ALESSANDRO Con chi ce l'hai?

MISSIONARIO Con chi ce l'ho, con chi ce l'ho! Alessandro, lo so io con chi ce l'ho, ce l'ho con una specie di monsignore che si trova qui in vacanza, e siccome si vede che si annoia, si è messo in testa che domenica deve venire alla missione con gli amici per celebrare un battesimo.

Fa girare una ventola.

MISSIONARIO <u>I pagn i caser.</u>

ALESSANDRO Eh?

MISSIONARIO <u>I pagn i caser.</u> Non funziona. E siccome il nostro amico monsignore è abituato al fresco delle basiliche romane, lui dentro la chiesa ci vuole le ventole che girano, vuole fare girare le pale, lo so io quello che gira, e per finire siccome neonati da battezzare non ce n'è lui ne vuole fare ribattezzare uno già battezzato, tanto, male non ci può fare, ha detto, magari <u>ci</u> diventa pure santo <u>o picciriddo</u>...

MISSIONARIO Puttana la miseria, <u>buttana</u>

ALESSANDRO Padre...

MISSIONARIO Quando ci vuole ci vuole, Alessandro!

Alessandro riesce a riparare il macchinario. Il missionario si è ferito alla mano.

ALESSANDRO Provi adesso...

MISSIONARIO Questo è un regalo di tuo padre, che se non era per lui questa missione a quest'ora qua non ci sarebbe, ci sarebbe la dodici, la buca numero dodici del campo da golf, era un'idea di quello lì, nove buche non è che <u>ci</u> bastavano, diciotto ne voleva.

ALESSANDRO Colombo!

MISSIONARIO Colombo. Ma che io? Meno male che tuo padre si è sempre opposto, qui era tutto suo, le case, la terra, tutto, ettari ed ettari di terreno, una gran brava persona tuo padre, un vero signore, e ti voleva bene, lo sai? Gli dispiaceva che non si era fatto vivo per tutti questi anni, e ormai non <u>c'</u>aveva più il coraggio di farlo, vabbè, tieni, bevi, acqua e limone, la miglior bevanda per dissetarsi. Vetro somalo, opaco ma pulito.

ALESSANDRO Eh, magari più tardi. Grazie.

MISSIONARIO Bevilo, <u>Alessa'</u>, tu qua non ti devi preoccupare dell'acqua, tu qua ti devi preoccupare degli italiani, questo posto è diventato una colonia italiana, una riserva di caccia e in più un posto di villeggiatura, ci vengono a svernare, come il nostro amico monsignore. L'Africa... *(fa un gesto con la*

NEL CONTINENTE NERO, di *Marco Risi*

mano come per dire: "è altrove" o " non gliene frega niente").
Il missionario beve dell'acqua e la sputa.
MISSIONARIO L'Africa... Bello qua eh?
MISSIONARIO *(salutando un uomo di colore che passa di lì)* Jambo. Lo vedi quello con la bicicletta? Quello fino all'anno scorso c'aveva sei figli. Adesso ce ne ha quattro, E lo sai perché? Perché due ce li ha venduti al sig. Colombo. L'amico Fulvio Colombo si venderebbe il padre, la madre, la suocera, la cognata, la zia, la nipote, la dignità e pure i figli, se ce li avesse, e siccome non ce li ha, si prende quelli degli altri, hai visto, mi ha salutato, e io non ci rispondo...

III scena (1:05)
Battello - Esterno giorno

Alessandro e Fulvio Colombo sono su un battello.
FULVIO COLOMBO Lo sai perché tuo padre era pieno di debiti? Lui prendeva, prendeva e non metteva mai niente. Invece in questo paese qua da solo non cresce neanche il mango.
ALESSANDRO Che c'entra il mango?
FULVIO COLOMBO Mango inteso come simbolo... Mi dispiace dirtelo, ma tuo padre commercialmente parlando non capiva un cazzo.
ALESSANDRO No, guarda, non ti permetto, scusa, di...
FULVIO COLOMBO Con tutto il rispetto, eh. Se era per lui, al posto dell'albergo ci stavano ancora a pascolare i facoceri, *(imita degli animali)*. Pensa che cosa non avremmo potuto fare noi con quei terreni, case, alberghi, multiproprietà, niente speculazione, eh, tutto inserito nel verde, nella natura, tu l'hai visto "Il laureato"? Ti ricordi cosa diceva quell'attore...? Il futuro è nella... il futuro è nella...
ALESSANDRO Plastica.
FULVIO COLOMBO Bravo, qui il futuro è nell'edilizia. Ma non il futuro per noi, eh, il futuro per la società, posti di lavoro, tu fai una casa, ci vogliono i muratori, finisci la casa ci metti dentro gli imbianchini, ci metti dentro gli elettricisti, ci metti dentro i camerieri ...
ALESSANDRO *(Ironico)* Le baby-sitter...
FULVIO COLOMBO Anche, le baby-sitter, sono tutti posti di lavoro, no? Questa è la società, così dev'essere. Questo è il nuovo mondo. La vecchia Europa è fottuta.

capitolo 8

NEL CONTINENTE NERO, di *Marco Risi*

ATTIVITÀ DIDATTICHE

Durata della sequenza: I scena 1:25 - II scena 3:30 - III scena 1:05
Personaggi: Alessandro (varietà toscana), commissario (italiano con pronuncia straniera e errori), Irene (italiano standard), missionario (varietà siciliana), Fulvio Colombo (varietà settentrionale).
Relazione sonoro/immagini: complementare, parallela
Difficoltà di comprensione: ✶✶

1 Motivazione

a. • A che cosa vi fa pensare l'Africa? Prendete degli appunti sulle immagini visive e sui concetti astratti che associate istintivamente a questa parola.

b. •• Che cosa conoscete del fenomeno dell'emigrazione italiana all'estero? Parlatene con i vostri compagni e con l'insegnante, considerando anche le differenze fra la situazione del passato e quella di oggi.

c. • Quali sono i pro e i contro di una vacanza in un villaggio turistico in un posto esotico? Fate due elenchi di argomenti opposti.

2 Globalità

a. • Guardate le tre scene e scegliete le risposte giuste:

I scena: Il commissario trattiene il passaporto di Alessandro perché

❏ c'è qualcosa che non va con i documenti
❏ si tratta di una semplice formalità e gli ridarà il passaporto dopo poco
❏ gli ridarà il passaporto quando avrà pagato i debiti di suo padre

Alessandro

❏ conosce Fulvio Colombo fin da bambino
❏ non ha mai visto Fulvio Colombo
❏ ha visto Fulvio Colombo al funerale di suo padre

Fulvio Colombo era

❏ socio in affari del padre di Alessandro
❏ un grande amico del padre di Alessandro
❏ uno dei debitori del padre di Alessandro

NEL CONTINENTE NERO, di *Marco Risi*

II scena: Il missionario che sta riparando il motore è arrabbiato con
- ❏ la ventola che non gira
- ❏ un sacerdote importante che è arrivato in Kenya da Roma
- ❏ il padre di Alessandro

Il padre di Alessandro aveva
- ❏ aiutato la missione
- ❏ aiutato a costruire un campo da golf
- ❏ realizzato una riserva di caccia

Secondo il missionario, Fulvio Colombo crede di poter
- ❏ vendere tutto a tutti
- ❏ comprare tutto da tutti
- ❏ ingannare tutti

III scena: Secondo Fulvio Colombo, il padre di Alessandro era
- ❏ un esperto
- ❏ un ladro
- ❏ un incapace

Secondo Fulvio Colombo, l'Africa è un paese
- ❏ avido
- ❏ avaro
- ❏ generoso

Secondo Fulvio Colombo, l'Africa offre enormi possibilità di arricchimento per chi si dedica
- ❏ all'agricoltura, specialmente la coltivazione del mango
- ❏ al commercio di facoceri
- ❏ all'edilizia

3 Analisi

a. • Alessandro e Irene in taxi si scambiano alcune frasi: quale di queste battute esprime un rimprovero? quale fa dell'ironia?

Rimprovero: _____

Ironia: _____

b. • Ecco alcune frasi con i verbi mancanti: cercate di costruire tutte le possibili combinazioni, usando le forme verbali elencate (inserite negli spazi vuoti il numero o i numeri corrispondenti alla vostra scelta). Attenzione: l'imperfetto indicativo può sostituire il condizionale passato (es.: *avrei avuto*) e il congiuntivo trapassato (es.: *avessi avuto*) nel parlato informale.

capitolo 8

NEL CONTINENTE NERO, di *Marco Risi*

    Me lo _____ dire tu come _____ fare.
    Se non _____ per lui a quest'ora questa missione non ci _____ .
    Se ce li _____ si _____ il padre e la madre.

1. potevi   2. fosse stato   3. potresti   4. avresti potuto   5. avesse avuti   6. fosse
7. dovevo   8. era   9. avrei dovuto   10. sarebbe   11. venderebbe   12. dovrei
13. sarebbe venduti   14. sarebbe stata   15. vesse

c. • Che significa il gesto del missionario con la mano a taglio gettata all'indietro? Scegliete la risposta giusta, considerando anche le parole che precedono il gesto:

    "Questo posto è diventato una colonia italiana, una riserva di caccia e in più un posto di villeggiatura, ci vengono a svernare, come il nostro amico monsignore. L'Africa... (gesto)"

    ❑ però è più forte
    ❑ è un posto pieno di soldi
    ❑ non è certo qui

d. • Rileggete la sceneggiatura per localizzare queste espressioni idiomatiche e per capirne il significato. Poi cercate altri possibili contesti d'uso (immaginandole dette in altre situazioni, da altre persone, in riferimento a altri fatti):

    "quando ci vuole ci vuole"   *"ha tutto in mano lui"*   *"con chi ce l'hai?"*

e. • Completate questi brani con le parole mancanti che trovate a destra (ogni brano si riferisce a una particolare area semantica, indicata a sinistra del testo):

LEGGE	Se una persona ha contratto dei _____ in un paese straniero e muore senza aver rimborsato i creditori, chi ne riceve l'_____ deve lasciare alle autorità di polizia i propri _____ personali (fra cui il _____) fino al momento in cui i debiti ereditati saranno stati estinti.	eredità documenti passaporto debiti
EDILIZIA	Un imprenditore edile che vuole realizzare una _____ in una zona di villeggiatura, deve disporre di alcuni _____ di _____ su cui costruire le _____ e gli alberghi che faranno parte del progetto. Se i _____ su cui intende edificare sono costituiti da _____ dovrà procedere all'abbattimento delle piante esistenti. I lavori saranno diretti da uno o più ingegneri, geometri e architetti, e saranno realizzati da operai specializzati (fra cui _____, _____ e _____). Se l'imprenditore costruisce senza tener conto del paesaggio, della sicurezza o dell'equilibrio ecologico e ambientale della zona, si parla di _____ edilizia.	case imbianchini piantagioni ettari multiproprietà muratori speculazione terra elettricisti terreni

NEL CONTINENTE NERO, di *Marco Risi*

capitolo 8

PARENTELA

Il _____ e la _____ di mio marito sono i miei _____. La sorella di mio marito è mia _____, come lo è anche la moglie di mio fratello, mentre la sorella di mia madre e quella di mio padre sono le mie _____. I miei due figli, poi, sono _____ di mio fratello e di mia sorella, del fratello e della sorella di mio marito, ma anche dei miei genitori e dei miei suoceri.
Quante persone avrò a pranzo se invito tutti i miei familiari?

madre
suoceri
cognata
zie
padre
nipoti

f. • Nella sequenza si nomina un animale africano simile al cinghiale e un frutto esotico molto pregiato, dalla polpa gialla. Qual è il nome di questo animale e di questo frutto?

g. • Quale fra questi significati può avere la parola "magari" in queste frasi? Rileggete la sceneggiatura e poi scegliete le risposte giuste, scrivendo a fianco di ogni frase il numero (o i numeri) corrispondenti:

____ "magari diventa pure santo"

____ "magari più tardi"

1. casualmente   2. per fortuna   3. se mai   4. forse   5. eventualmente

4 Sintesi

a. • Riscrivete il dialogo fra Alessandro e il commissario di polizia africano, correggendone gli errori di sintassi (potete lavorare riascoltando il sonoro o rileggendo la sceneggiatura):

A(lessandro): Che c'è?
C(ommissario): _____
A.: Perché? C'è qualcosa che non va coi documenti?
C.: _____
A.: E allora?
C.: _____
A.: Debiti?
C.: _____

b. • Completate queste frasi con le informazioni che trovate nella II scena:

Il monsignore venuto da Roma :   si annoia, perciò _____
                                  vuole la chiesa fresca, perciò _____
                                  vuole battezzare un bambino, perciò _____

NEL CONTINENTE NERO, di *Marco Risi*

c. •• Il carattere e la vita passata del padre di Alessandro sono descritti in maniera diversa dal missionario e da Fulvio Colombo. Aggiungete alle informazioni che trovate nel film altri particolari inventati da voi e scrivete poi un possibile dialogo fra lui e una giornalista venuta a intervistarlo. Se il lavoro viene realizzato insieme a un compagno, può seguire la simulazione orale dell'intervista di fronte alla classe.

5 Spunti per la riflessione

- varietà regionali settentrionali, varietà toscana e siciliana
- italiano colloquiale
- accusare, rispondere alle accuse, narrare fatti passati, descrivere
- presente indicativo, imperfetto indicativo, aggettivi, periodo ipotetico
- lessico relativo a legge, edilizia, parentela, motori, Chiesa Cattolica, animali e piante esotiche
- Africa, Kenya, Malindi
- villaggi turistici in posti esotici, nuovo turismo di lusso
- italiani all'estero (nuova e antica emigrazione)
- speculazione edilizia, sfruttamento e/o valorizzazione delle risorse ambientali
- adozioni internazionali
- "Il laureato" (film)

6 E adesso guardiamo tutto il film!

** Se avete la possibilità di vedere il film per intero, trovate la risposta alle seguenti domande:
- Perché tutti temono e odiano Fulvio Colombo?
- Come descrivereste il fisico e il carattere di Fulvio Colombo?
- Nel film, chi sono i rappresentanti della categoria "italiani all'estero" e quali ragioni li hanno spinti in Kenya?
- Durante il battesimo da che cosa viene contrariato il monsignore venuto da Roma?
- Chi è Mamma Francesca? Cosa fa e dove vive?
- Come era morto il padre di Alessandro? Quali dubbi ha Alessandro sulla sua morte?
- In quali scene si nota il disprezzo di Furio Colombo per l'Africa e gli africani?
- Che cosa firma Alessandro alla fine?
- Il titolo del film riprende una delle canzoni italiane degli anni Sessanta che fanno da colonna sonora al film ("Nel continente nero / alle falde del Kilimanjaro / ci sta un popolo di negri che conosce tanti balli / più famoso è l'halligally..."). In quale scena si sente questa canzone?

capitolo **9**

BELLE AL BAR
di *Alessandro Benvenuti*

capitolo 9

BELLE AL BAR, di *Alessandro Benvenuti*

Biofilmografia

Regista: Alessandro Benvenuti
Nato a Pontassieve (Firenze) nel 1950. Ha debuttato nel cabaret con i "Giancattivi". Brevi apparizioni come attore: *Il ragazzo del Pony Express, Soldati, Compagni di scuola, Maniaci sentimentali*. Esordisce nella regia con: *Ad ovest di Paperino* (1982), a cui fanno seguito *Era una notte buia e tempestosa* (1985), *Benvenuti in casa Gori* (1990), *Zitti e Mosca* (1991), *Caino e Caino* (1992), *Belle al bar* (1994), *Ivo il tardivo* (1995).

Film

BELLE AL BAR (1994)
Leo, restauratore, è un uomo pieno di complessi, soffre di allergie e anche il suo matrimonio con Simona, dopo la perdita della bambina, è in crisi. Per lavoro, deve restaurare un quadro del Gentileschi, parte quindi per Piacenza dove si fermerà per qualche tempo. Un giorno rimane chiuso in una toilette pubblica e a salvarlo è suo cugino Giulio, diventato un bellissimo transessuale di nome Giulia. Va a vivere con lei. Inizialmente è turbato, non accetta il cambiamento di suo cugino, poi, pian piano, comprende l'ipocrisia del vivere degli altri e la difficile vita di Giulia, i suoi problemi e come, a volte, nella vita si facciano delle scelte perché le si vivono già dentro se stessi.

Cast

Regia: Alessandro Benvenuti
Soggetto e sceneggiatura: Ugo Chiti, Nicola Zavaglia, Alessandro Benvenuti
Interpreti: Alessandro Benvenuti, Eva Robins, Giovanni Pellegrino, Augusto Terenzi, Assunta Serna
Fotografia: Blasco Giurato
Scenografia e costumi: Eugenio Liverani
Montaggio: Carla Simoncelli
Assistente al montaggio: Fabio Ferranti
Musiche: Patrizio Fariselli
Direttore di produzione: Elena Leopardi
Produzione: Giorgio Leopardi per la Union R.N.
Durata: 100 minuti

BELLE AL BAR, di *Alessandro Benvenuti*

9 capitolo

Commento

Hanno rifatto *Nata ieri*. Hanno rifatto *Sabrina*. Vorrebbero rifare *Marty*, storia di un timido (Ernest Borgnine, 1955). Ma non occorre, già fatto. C'è *Belle al bar* : anche se Alessandro Benvenuti non pensava certo di ricalcare, continuare. Ma è come se fosse accaduto.

La piccola città stavolta è bellissima, siamo a Piacenza. Il matrimonio tra frustrati è finito, e chi non l'avrebbe detto? Il macellaio ha completato gli studi ed è diventato restauratore, ma cosa c'entra, ma com'è possibile. Eppure l'aria c'è. Quell'atmosfera, non lasciatemi solo, non statemi intorno, basta con gli amici che suggeriscono sempre, e sempre quello.

In *Marty* c'era la ricerca dell'amore o di qualcosa che gli somigliasse. Qui c'è la ricerca della solidarietà e questa somiglia di più all'amore, anche se c'è l'ironia di Giulia, ex cugino che doveva fare il geometra e adesso sogna un bar, ma insomma si ritrovano, e tu chi sei? Sono il ragazzo-ragazza della porta accanto.

Non è un film sulla tolleranza, la tolleranza significa compassione ed è anche presuntuosa. Qui si ride. Non alle spalle di uomini o donne o quello che sono. Si ride perché, in questa sceneggiatura, quarant'anni di cinema non sono passati invano.

Matilde Lucchini

Dialogo

I scena (3:30)
Camera da letto - Interno giorno
Sono le sei. Suona la sveglia.

SIMONA Eh, un cha cha cha, alle sei un cha cha cha, che bello, te lo ricordi, Leo, in Grecia al campeggio, Santorini, cha cha cha, perché hai messo la sveglia alle sei?
LEO Devo preparare le valigie.
SIMONA A che ora ce l'hai il treno?
LEO Alle undici.
SIMONA Cinque ore prima?
LEO Ognuno c'ha i suoi tempi.
SIMONA Quanta roba ti porti?
LEO Non so quanti giorni sto via, due o tre settimane, almeno. Non è un restauro facile questo. Vabbé, tu sta' a letto che la preparo io la colazione.
SIMONA No, no, la faccio io.
LEO La preparo io, sta' a letto.
Nell'ingresso. Simona vede una lettera appoggiata su un mobile.

SIMONA Cos'è questa, Leo?

LEO Ieri sono passato dalla clinica, era lì da quelle parti, erano lì da più di un anno, ci eravamo dimenticati di ritirarle.

SIMONA Tu te n'eri dimenticato.

LEO Sarebbe stata una femminuccia, hai visto?

SIMONA Balle, femmina o maschio che importanza ha, adesso non me ne frega più nulla di saperlo, sai?

LEO A me invece ha fatto tenerezza saperlo.

SIMONA Non voglio il caffè, dammi la spremuta, no!

LEO Però a te vedi ti è rimasto questo atteggiamento come se fosse colpa di qualcuno, invece scusa non dipende né da te né da me, insomma, succede no? Sono tante le donne che purtroppo anche al quinto mese perdono il figlio. E beh, è una cosa terribile, ma poi scusa, non è mica giusto che tra marito e moglie poi uno debba..., invece tra noi sembra sceso il gelo, sì, vabbè, finché siamo con gli altri, ma appena si resta soli...

SIMONA Ma puoi stare zitto, tu riesci a capire quando è il momento di stare zitto?

LEO Vabbè, va', io preparo le valigie.

II scena (0:50)

Stanza d'albergo - Interno giorno

Leo nella stanza d'albergo. Simona lo chiama al telefono.

LEO Sì, ah, grazie. Ciao Simona.

SIMONA Com'è andato il viaggio?

LEO Tranquillo, non c'era molta gente.

SIMONA E l'albergo ti piace?

LEO La stanza è carina, pulita, insomma tutto bene.

SIMONA Ti sei accorto che non hai portato il Ventolin?

LEO Ho dimenticato il Ventolin!

SIMONA Sì, l'ho trovato adesso, nell'armadietto. Ma come hai fatto a dimenticarlo? Rompi sempre le scatole a tutti con la tua asma allergica e poi... Comunque, te lo volevo ricordare, basta che stasera tu stia alla larga dai formaggi. Ci sentiamo, ah, ciao!

LEO *(Starnutisce)* Ciao.

III scena (0:40)

Camera da letto - Interno

Leo è sul letto vestito, quasi stordito. Apre gli occhi guardandosi intorno.

GIULIA Ti sei ripreso, lo sai che mi hai fatto prendere una bella paura!

LEO Ma dove sono io qua?

GIULIA Intanto leviamo le scarpe, come diceva la signora Chiara?

Le scarpe sul letto portano male, scarpe e cappello. Beh, le scarpe si sa, il cappello non l'ho mai capito. Beh, forse perché prima, quando vestivano i morti, gli mettevano anche il cappello.

LEO La signora Chiara? Ma che.., la signora Borsetti di Via Pisana, che c'entra la signora Chiara!

GIULIA Prendi un po' di tè! Dipingi ancora?

LEO Dipingere. Io restauro.

GIULIA Peccato perché eri bravo a dipingere. Aspetta, aspetta che ti voglio fare vedere

una cosa.
LEO Ma come sa che io dipingevo, ma se ho smesso dieci anni fa...
GIULIA Leo, stai male un'altra volta? No, eh! Lo sapevo che c'erano, figurati, ci tengo più a questi... Guarda, le spose e le principesse, tu le disegnavi ed io le coloravo, guarda com'ero precisa a colorare, avevo solo cinque anni.
LEO Ma chi sei tu?
GIULIA Leo, mi disegni una sposa, Leo, disegnami una principessa...
LEO *(Ha un flashback dell'infanzia)* Giulio?
GIULIA Sì, però adesso chiamami Giulia.
Giulia lo abbraccia.

IV scena (1:00)
Casa di Giulia - Interno

GIULIA Leo, ci sono delle scelte che uno non fa con cognizione, ce l'hai dentro. Quando avevo sei anni prendevo tutti i foulard, me li legavo attorno alla vita e mi facevo una sottana, mi mettevo in mezzo alla stanza: "sono una ballerina, sono una ballerina". La mamma non diceva nulla, a volte si divertiva anche lei, si faceva insieme le Kessler, dadaumpa, dadaumpa, però cambiava subito espressione quando stava per tornare il babbo: "dai, levateli questi cenci, fai in fretta, su che arriva il babbo". Ah, io me li levavo, ma dentro rimanevo una ballerina.
Te lo ricordi com'era severo il babbo?
LEO Eh, lo zio Gino..
GIULIA Mi guardava, mi guardava, finché ero piccola faceva finta di non capire...
LEO E poi si è ammalato di nervi.
GIULIA Lo so che ho dato tanto dolore in famiglia, cosa credi, però deve morire chi si sente di morire, non chi si sente di vivere, no?

capitolo 9

BELLE AL BAR, di *Alessandro Benvenuti*

BELLE AL BAR, di *Alessandro Benvenuti*

ATTIVITÀ DIDATTICHE

Durata della sequenza: I scena 3:30 - II scena 0:50 - III scena 0:40 - IV scena 1:00
Personaggi: Leo (varietà toscana), Simona (leggero accento spagnolo), Giulia (varietà toscana)
Relazione sonoro/immagini: complementare
Difficoltà di comprensione: ✱

1 Motivazione

a. •• Quali sono oggi le categorie dei "diversi" che vivono con difficoltà la propria situazione? Quali sono invece i "diversi" che la società guarda con più tolleranza e perfino ammirazione?
Discutetene con i vostri compagni, facendo riferimento agli ambienti e alle realtà culturali che conoscete meglio.

b. •• Avete qualche fissazione, qualche paura particolare, qualche piccola mania? Descrivetela ai vostri compagni e spiegatene (se le conoscete) le cause.

2 Globalità

a. • Completate queste frasi in base al contenuto della I e della II scena.
- Leo deve partire alle _____
- Leo resterà via _____ settimane.
- Simona ha perso il bambino al _____ mese di gravidanza
- Al telefono Leo dice a Simona che l'albergo è _____
- Leo ha dimenticato la medicina contro _____
- Simona gli consiglia di _____

b. • Scegliete le risposte giuste in base al contenuto della III e della IV scena.
- Giulia toglie le scarpe a Leo perché
  - ❏ gli facevano molto male
  - ❏ vuole comportarsi in maniera educata
  - ❏ è superstiziosa

- Giulia fa vedere a Leo dei disegni
  - ❏ che lui aveva fatto da ragazzo
  - ❏ che lei faceva per passatempo
  - ❏ che lui aveva colorato per lei quando era bambina

capitolo 9

BELLE AL BAR, di *Alessandro Benvenuti*

- Leo capisce che Giulia in passato era
    - ❏ una principessa
    - ❏ una ladra
    - ❏ un ragazzo
- Giulia da piccola amava
    - ❏ vestirsi da ballerina
    - ❏ guardare la mamma ballare
    - ❏ cucire vestiti
- Il padre di Giulia era
    - ❏ sempre ammalato
    - ❏ molto severo
    - ❏ morto giovane

3 Analisi

a. ● Nella prima scena Leo dice: "Ieri sono passato dalla clinica... erano lì da più di un anno, ci eravamo dimenticati di ritirarle": a cosa si riferisce? _____

b. ● Completate queste battute dei personaggi indicati a sinistra utilizzando le parole della lista a destra, in base al contenuto delle prime due scene:

Leo a Simona:	Da quando abbiamo perso il bambino ti comporti come se _____	(essere / colpa di qualcuno / invece / succedere)
Leo a Simona:	Non è giusto che fra moglie e marito _____	(dovere / scendere il gelo / stare soli)
Simona a Leo al telefono:	Per la tua allergia, basta che stasera _____	(tu / stare alla larga / formaggi)

c. ● Quali fatti potrebbero essersi svolti fra la II e la III scena? Quale potrebbe essere il motivo per cui Leo si sveglia stordito in una casa sconosciuta? Fate le vostre ipotesi dopo avere riletto tutta la sceneggiatura.

BELLE AL BAR, di *Alessandro Benvenuti*

9 capitolo

d. • Ecco alcuni nomi di capi di vestiario (fra cui alcuni citati nella III e nella IV scena). Mettete una freccia verso sinistra a quelli che nell'Italia contemporanea sono utilizzati soprattutto dalle donne, una freccia verso destra per quelli utilizzati soprattutto dagli uomini:

CAPI DI VESTIARIO PREVALENTEMENTE FEMMINILI	scarpe foulard boxer blazer tailleur reggiseno pantaloni sottana gonna giacca papillon cravatta calzini calze a rete cappello	CAPI DI VESTIARIO PREVALENTEMENTE MASCHILI

e. • Cercate nella sceneggiatura il punto in cui si parla di un atto da non fare perché considerato di malaugurio: quale atto è, e perché viene considerato tabù?

4 Sintesi

a. • Riscrivete le esperienze emotive e le vicende personali di Giulia/Giulio quando era ragazzo, inserendo tutte le informazioni contenute nella III e IV scena (usate la III persona singolare e l'imperfetto indicativo, visto che si tratta di azioni abituali e di una descrizione nel passato).

b. •• Role-play: con un compagno simulate un incontro con una persona che non riconoscete ma che sa tutto di voi e del vostro passato (riprendete come schema il dialogo della III scena, ma con un finale diverso).

c. • Completate questa frase con un esempio tratto dalla vostra esperienza: "Ognuno ha i suoi tempi, per esempio _____
_____,"

d. • "Ci sono delle scelte che uno non fa con cognizione, ce le hai dentro". Vi è mai successo di scegliere per istinto, più che razionalmente? Descrivete un esempio tratto dalla vostra esperienza.

BELLE AL BAR, di *Alessandro Benvenuti*

e. •• Discutete con un compagno sulle superstizioni che esistono nel vostro paese e su quelle italiane che conoscete. Poi decidete insieme quale fra questi atti non è un segno di malaugurio in Italia:
- ❏ un gatto nero che attraversa la strada
- ❏ passare sotto una scala
- ❏ scarpe e cappello sul letto
- ❏ fiori bianchi in un vaso

f. •• Discutete con un compagno, e poi con tutta la classe, sul tema dell'omosessualità nell'Italia contemporanea, rispetto a quello che avviene nel vostro Paese (considerate questo argomento dal punto di vista dei tabù, della tolleranza, dell'emarginazione, ecc.).

5 Spunti per la riflessione

- varietà toscana (pronuncia, scelte lessicali e morfosintattiche)
- italiano colloquiale
- chiedere per sapere, narrare fatti passati, rimproverare
- congiuntivo, imperfetto indicativo per azioni abituali, passato prossimo, periodo ipotetico
- lessico del restauro, della medicina, delle bevande, del vestiario
- omosessualità
- crisi coniugali, perdita di un bambino
- superstizione
- allergie
- le gemelle Kessler e il "dadaumpa" (anni '60)

6 E adesso guardiamo tutto il film!

• Se avete la possibilità di vedere il film per intero, trovate la risposta alle seguenti domande:
- Come si sono conosciuti Leo e Simona?
- Che quadro è andato a restaurare Leo a Piacenza? Come lo ha ottenuto l'amico Guido?
- Leo ha molte manie: quali?
- A cosa si riferisce il titolo del film?
- Giulia quando si era innamorata di Leo per la prima volta?
- Chi ha rubato il quadro a Guido?
- Chi risolve (temporaneamente) l'equivoco fra Leo, Giulia e Simona?
- Secondo voi, il film tratta il tema della "diversità" con ironia, superficialità, per stereotipi, con delicatezza, o altro?
- Da cosa nasce la comicità del film: dalla trama, dalle battute, dalla mimica, dall'accento dei personaggi, o altro?

capitolo
10

MEDITERRANEO
di *Gabriele Salvatores*

OSCAR 1992 MIGLIOR FILM STRANIERO

capitolo 10

MEDITERRANEO, di *Gabriele Salvatores*

Biofilmografia

Regista: Gabriele Salvatores
Nato a Napoli nel 1950. Diplomato all'Accademia d'Arte Drammatica del Piccolo Teatro di Milano. Nel 1972 fonde con altri attori il teatro dell'Elfo per il quale lavorerà come autore e regista. Esordisce nella regia cinematografica nel 1981 con *Sogno di una notte di mezza estate*.
I suoi successivi film sono: *Kamikazen*, *Ultima notte a Milano* (1987), *Marrakech Express* (1989), *Turné* (1990), *Mediterraneo* (1991) - Oscar '92 quale miglior film straniero, *Puerto Escondido* (1992), *Sud* (1993) *Nirvana* (1996).

Film

MEDITERRANEO (1991)
Nell'isola di Kastellorizo, nell'estate del 1941, durante la Seconda Guerra Mondiale, otto soldati italiani, mandati in missione, perdono i collegamenti e restano lì, dimenticati per tre anni. Col passare del tempo i soldati imparano a conoscere se stessi e a convivere con la gente e le tradizioni locali: il tenente Bigaglia dipinge e affresca le pareti della chiesa, il sergente impara a danzare, due fratelli alpini si abbandonano alla natura e all'amore per una giovane, un altro scopre di essere omosessuale, un altro ancora scrive alla moglie e progetta come fuggire dall'isola e dalla guerra, il soldato Farina si innamora della prostituta del paese. Tutti comunque imparano a vivere in comunità sognando una società migliore. A interrompere questa "inerzia" arriva un aereo italiano. Le notizie sono disastrose: l'Italia ha perduto la guerra e si combatte la guerra civile. Non tutti e otto partiranno. Uno fugge. Farina rimane, si sposa con Vassilissa e apre un ristorante. Il tenente Bigaglia e il sergente faranno ritorno sull'isola da vecchi.

Cast

Regia: Gabriele Salvatores
Soggetto e sceneggiatura: Vincenzo Monteleone
Interpreti: Diego Abatantuono, Claudio Bigagli, Giuseppe Cederna, Claudio Bisio, Luigi Alberti, Ugo Ponti, Memmo Dini, Vasco Mirandola, Luigi Montini, Irene Grazioli, Antonio Catania, Vanna Barba
Fotografia: Italo Perticcione
Costumi: Francesco Panni
Scenografia: Thalia Istikopoulou
Fonico di presa diretta: Tiziano Crotti
Montaggio: Nino Baragli
Musiche: Giancarlo Bigazzi, Marco Falagiani
Produzione: Alessandro Vivarelli, Nicolò Forte, Gianni Minervini per la Penta Film Mario e Vittorio Cecchi Gori, Silvio Berlusconi Communications
Durata: 104 minuti

MEDITERRANEO, di *Gabriele Salvatores*

10
capitolo

Commento

    Mediterraneo di Gabriele Salvatores è uno di quei film che lasciano un segno. Uno di quei rari film italiani che non si accontentano di tenui storie interiori, di autobiografismi più o meno mascherati, di minimalismi ideologici. Salvatores, in *Mediterraneo*, sa raccontare e racconta: non mi sembra che in lui ci siano le preziosità figurative presenti ad esempio in Mario Martone. Nel film conta l'idea, l'ambientazione geografico-storica, i personaggi, la situazione. L'idea è ottima, e scava in un terreno che il cinema italiano ha trascurato del tutto di dissodare. Il nostro passato militare, la Seconda Guerra Mondiale, la campagna di Grecia. Qualcosa sembra impedire agli italiani di ragionare su certi eventi e di ritrascriverli in chiave artistica. Qui la guerra, in un avamposto mediterraneo abbandonato all'inerzia e al vuoto, è un soggetto forte: non il solito pretesto per satira e scurrilità. I personaggi sono ben delineati, e quello interpretato da Diego Abatantuono riesce a scolpirsi nella memoria e a restarci. Non c'è quel brivido metafisico, quella potenza epica che contraddistingue certi capolavori: è probabile che la poetica di Salvatores non li preveda, ma la semplice freschezza dell'azione e del dialogo basta a fare di *Mediterraneo* un'ottima, memorabile opera.

Giuseppe Conte

Dialogo

I scena (1:40)
Esterno giorno

Su uno strapiombo davanti al mare il tenente Bigaglia dipinge. Farina mangia qualcosa seduto per terra.

TENENTE Farina, ma sei sposato?

ANTONIO FARINA No!

TENENTE La fidanzata ce l'hai?

ANTONIO FARINA No!

TENENTE Vabbè, ci sarà qualcuno che ti aspetta a casa!

ANTONIO FARINA I miei sono morti quando ero piccolo, non li ho mai conosciuti.

TENENTE È bello qua, eh?

ANTONIO FARINA Insomma.

TENENTE Beh sai, questo può anche sembrare un posto arido, un posto da pecorari, però qui duemilacinquecento anni fa, prima di Roma, c'era una civiltà bellissima, c'erano poeti, filosofi, guerrieri, divinità, tutti noi discendiamo da qui, in qualche modo, anche tu se vuoi cercare delle origini, qui le puoi trovare, capito?

Antonio è intimidito.

TENENTE Ti piacciono le poesie?

ANTONIO FARINA Dipende.

capitolo 10

MEDITERRANEO, di *Gabriele Salvatores*

TENENTE Guarda, queste le hanno scritte sette secoli prima di Cristo, sai leggere?
ANTONIO FARINA In greco no.
TENENTE C'è la traduzione accanto.

II scena (0:55)

Lo Russo disteso su una tavola. Un commilitone gli massaggia la schiena. Lo Russo parla tra sé.
LO RUSSO: Una vita è troppo poco, una vita sola non mi basta, se li conti bene non sono neanche tanti giorni, c'ho troppe cose da fare, troppe idee, troppe, sai che ogni volta che vedo un tramonto mi girano i coglioni, perché penso che è passato un altro giorno, dopo mi commuovo, perché penso che son solo, un puntino nell'universo. I tramonti mi piacerebbe vederli con mia madre, e una donna che amo, magari, poi invece le notti mi piacerebbe passarle da solo, da solo insomma magari con una bella troia, che è meglio che da solo. Ce n'è ancora di quella roba che ha lasciato il turco?

III scena (2:20)

Una tavolata. Carmelo La Rosa, aviatore, è appena arrivato sull'isola. I soldati italiani pendono dalle sue labbra.
CARMELO LA ROSA E chi se lo immaginava di trovarvi qua italiani... perché voi siete soldati italiani, no? E pure io! Però adesso ho avuto un'avaria, il manicotto dell'olio, una fesseria, poi lo guardo. Sto andando a Creta, il nostro reparto è stato aggregato con gli inglesi.
LO RUSSO Come gli inglesi?
CARMELO LA ROSA Gli inglesi c'hanno certi apparecchi! *(imita gli aeroplani)*. Gli inglesi, gli americani sono organizzatissimi!
LO RUSSO Che c'entrano gli inglesi, gli americani?
TENENTE Gli inglesi, gli americani, ma vi siete arresi?
CARMELO LA ROSA Ma che? Arresi? Ma come, non sapete niente, c'è stato l'otto settembre!
LO RUSSO E che c'entra l'otto settembre, tutti gli anni c'è, c'è anche il nove, il dieci..., che è questo otto settembre?
CARMELO LA ROSA Ma scusate, ma voi da quanto tempo è che state qua?
LO RUSSO Da giugno.
CARMELO LA ROSA Giugno, e di che anno?
LO RUSSO Quarantuno.
CARMELO LA ROSA Quarantuno, quarantadue, quarantatré, da tre anni?
LO RUSSO Come tre anni?
CARMELO LA ROSA Sono tre anni che siete qua. Tre anni, hai sentito? Sono tre anni che è qua.
LO RUSSO Pure lui sta qua, siamo tutti qua da tre anni, eh, siamo arrivati insieme!
CARMELO LA ROSA Allora non sapete niente, non c'avete, che so, una radio, qualcosa...
LO RUSSO Sì, ce l'avevamo...
CARMELO LA ROSA Allora vi devo dire tutto, vi devo spiegare tutto. Allora: Mussolini è caduto, l'Italia è divisa in due, praticamente al sud ci sono gli inglesi e gli americani, al nord ci stanno i tedeschi coi fascisti, si sono formati i CLN...
LO RUSSO E che sono questi CLN?

MEDITERRANEO, di *Gabriele Salvatores*

CARMELO LA ROSA Comitati di Liberazione Nazionale, i partigiani, in pratica c'è la guerra civile, perché quelli che erano amici sono diventati nemici, e quelli che erano nemici sono diventati amici. C'è un grande fermento, ci sono un sacco di possibilità, un sacco di cose da fare, capito, non possiamo starne fuori, ci sono grossi ideali in gioco, si possono fare anche un sacco di soldi.

Carmelo La Rosa è in partenza.

CARMELO LA ROSA Ecco, fatto, tutto c'abbiamo messo?

SOLDATO: E questo qui?

CARMELO LA ROSA E quanti pezzi c'ha questo aeroplano, eh? Questo niente, non serve. Allora io segnalo la vostra presenza al comando, può essere che mandano una nave, qualcosa, prima o poi arriva, chi lo sa, forse perché c'è fermento, c'è fermento, comunque se tornate venitemi a fare una bella improvvisata a Palermo, portate le signore, le mogli, chi volete, tutti quanti!

IV scena (1:35)

I soldati italiani sono pronti a lasciare l'isola all'arrivo degli inglesi. Solo Farina si è nascosto in un barile perché non vuole partire. Lo Russo lo scopre.

ANTONIO FARINA Cosa c'è?

LO RUSSO Come cosa c'è?

ANTONIO FARINA Cosa vuoi, cos'è, cos'è, cosa c'è, che c'è?

LO RUSSO Come cosa c'è, cos'è, che vuoi, che c'è. Andiamo, ci stanno aspettando, salta fuori dalle olive e andiamo dai.

ANTONIO FARINA Io non vengo. Questa è la mia casa, io sono sposato, rimango qui, io.

LO RUSSO Come rimani qui? Questi qui non ci aspettano, sono inglesi, sei sposato ma questo matrimonio in Italia non vale, muoviti, andiamo via.

ANTONIO FARINA Per me vale, vale moltissimo, moltissimo.

LO RUSSO Va bene, allora porta anche lei, ma andiamo, non ci aspettano.

ANTONIO FARINA Ma dove? Dove? Non ho casa, non ho lavoro, non ho niente, sono solo, perché dovrei partire. No!

LO RUSSO Farina, sta cambiando tutto! C'è da rifare l'Italia, ricominciamo da zero, c'è grande confusione sotto il cielo, la situazione è eccellente, dai, andiamo, costruiremo un grande bel paese per viverci, dai, te lo prometto, ma dai, è anche nostro dovere.

ANTONIO FARINA Ma che dovere! Nicola, lo hai detto anche tu. Ti ricordi? Si sono dimenticati di noi? Ecco, io voglio dimenticarmi di loro. Vuoi fare l'Italia, cambiare il mondo? Io, io non ci credo, non sono capace non so, io rimango qui.

LO RUSSO In un barile di olive, su un'isola deserta? Questa sarebbe la tua dimensione?

ANTONIO FARINA Qui, io mi sento vivo, per la prima volta qua, lo capisci questo? Vassilissa vuole aprire un ristorante, lei ha bisogno di me. Non te la prendere, sergente, siamo amici, no?

LO RUSSO Attendente Antonio Farina, questa è diserzione, lo sai?

capitolo 10

MEDITERRANEO, di *Gabriele Salvatores*

MEDITERRANEO, di *Gabriele Salvatores*

10
capitolo

ATTIVITÀ DIDATTICHE

Durata della sequenza: I scena 1:40 - II scena 0:55 - III scena 2:20 - IV scena 1:35
Personaggi: tenente (varietà toscana), Antonio Farina (italiano standard),
Lo Russo (varietà settentrionale), La Rosa (varietà siciliana)
Relazione sonoro/immagini: parallela
Difficoltà di comprensione: ✹✹

1 Motivazione

a. • Quali concetti e immagini associate alla parola "Grecia"?

b. • Rispondete (eventualmente anche con l'aiuto di una enciclopedia o di un libro di storia) a queste domande sulla II Guerra Mondiale:
- data di inizio e di fine delle ostilità
- da quale Stato ha avuto inizio
- quali Stati costituivano i due blocchi contrapposti all'inizio della guerra
- quale leader italiano ha guidato le azioni belliche
- in quali Stati stranieri sono andati a combattere i soldati italiani
- chi ha vinto la guerra

2 Globalità

a. • Guardate la I scena con il dialogo fra il tenente e Antonio Farina:
- Farina è ❏ sposato ❏ fidanzato ❏ solo
- La civiltà greca risale al ❏ 7000 a.C. ❏ 2500 a.C. ❏ 500 a.C.
- Il tenente fa vedere a Farina un libro di ❏ poesie ❏ preghiere ❏ grammatica

b. • Guardate la II scena in cui Lo Russo parla mentre si fa massaggiare la schiena:
- Per Lo Russo la vita è troppo ❏ affannosa ❏ breve ❏ noiosa
- Lo Russo vorrebbe guardare il tramonto ❏ da solo ❏ con suo padre ❏ con la sua donna

c. • Guardate la III scena che vede l'arrivo dell'aviatore La Rosa:
- La Rosa è dovuto atterrare con l'aereo sull'isola per
  ❏ riparare il guasto al motore ❏ salvare i soldati italiani ❏ fare rifornimento
- La Rosa scopre che
  ❏ si possono fare un sacco di soldi sull'isola

capitolo 10

MEDITERRANEO, di *Gabriele Salvatores*

❏ in Italia c'è la guerra civile
❏ i soldati sono sull'isola da tre anni

- I soldati rimasti sull'isola non sanno le ultime notizie sulla guerra perché
  ❏ il tenente non li ha informati   ❏ si era rotta la radio   ❏ avevano paura di sapere

d. • Guardate la IV scena, con Farina nascosto in un barile:
  - Lo Russo vuole convincere Farina a
    ❏ lasciare l'isola   ❏ lasciare la moglie   ❏ lasciare l'esercito
  - Farina in Italia
    ❏ ha i genitori   ❏ ha la moglie   ❏ non ha niente

3 Analisi

a. • Inserite in queste espressioni di tempo la preposizione (da / di) o la congiunzione (che) adatta. Cercate poi queste frasi nella sceneggiatura per controllare le vostre risposte.

   Voi ___ quanto tempo è ___ state qua?
   Sono tre anni ___ siete qua.   CHE / DA / DI
   Giugno ___ che anno?
   Siamo tutti qua ___ tre anni

b. • Per esprimere "necessità" si possono usare diverse espressioni: cercate, fra queste, quella che è usata nel filmato:

   ❏ bisogna
   ❏ è necessario   rifare l'Italia!
   ❏ c'è da

c. • Cercate in questo elenco le parole che non fanno parte dell'area semantica dell'esercito e cancellatele:

   sergente   devozione   attendente   comando   dissertazione   tangente
   reparto   diserzione   guerra civile attinente arresi   tenente

d. • Scrivete il dialogo che potrebbe svolgersi, dopo la IV scena, fra il tenente e Lo Russo su questi argomenti (utilizzate solo le informazioni contenute nelle quattro scene che avete appena visto!):
   - il tenente parla a Lo Russo di Farina e della sua famiglia (moglie, genitori, lavoro)
   - Lo Russo parla al tenente delle sue inquietudini e della sua voglia di fare
   - il tenente commenta con Lo Russo sulla venuta dell'aviatore La Rosa

MEDITERRANEO, di *Gabriele Salvatores*

10 *capitolo*

4 Sintesi

a. • "Tutti noi discendiamo dalla civiltà greca", dice il tenente: spiegate questa affermazione riutilizzando gli argomenti contenuti nella I scena e aggiungendone altri tratti dalle vostre conoscenze del mondo antico e del suo influsso sulla società di oggi.

b. • Leggete questo brano di argomento storico e confrontatelo con il breve riepilogo della situazione italiana degli anni 1941-'43, fatto dall'aviatore La Rosa ai soldati rimasti isolati nell'isola. Poi sottolineate nel testo del brano le frasi corrispondenti ai punti riferiti da La Rosa:

> LA ROSA: Allora: Mussolini è caduto, l'Italia è divisa in due, praticamente al sud ci sono gli inglesi con gli americani, al nord ci stanno i tedeschi coi fascisti, si sono formati i CLN...

Dopo lo scoppio della Seconda Guerra Mondiale, le vittorie di Hitler del 1940 spinsero Benito Mussolini a dichiarare guerra a Francia e Gran Bretagna. Ma i disastri militari (in Grecia, in Russia e in Africa), mentre già si profilava la disfatta della Germania, indussero la monarchia italiana a disfarsi di Mussolini, che nel 1943 fu fatto arrestare dal re.

L'8 settembre 1943, il nuovo governo italiano firmò l'armistizio con gli alleati (inglesi, americani e francesi), che non considerarono più l'Italia loro nemica. A quel punto l'esercito italiano si sfasciò: molti soldati fuggirono a casa, altri furono deportati in Germania dagli ex alleati tedeschi, divenuti ormai nemici.

Mussolini, liberato dai tedeschi, fu portato in Germania, da dove annunciò la creazione della Repubblica Sociale Italiana. Gli eventi della guerra precipitarono a tal punto che gli eserciti Alleati, sbarcati in Sicilia, proseguirono la loro avanzata verso il nord Italia, fermandosi alla "linea gotica", corrispondente più o meno alla catena degli Appennini, nell'Italia centrale.

Intanto si erano formati gruppi di partigiani (organizzati nell'Italia del nord nel Comitato di Liberazione Nazionale, o CLN) che combattevano per liberare il territorio dell'Italia del nord, ancora invaso dai tedeschi. In fuga verso Como, Mussolini fu arrestato dai partigiani e fucilato.

c. • Parlando dell'Italia del 1943, l'aviatore La Rosa dice: "Quelli che erano amici sono diventati nemici, quelli che erano nemici sono diventati amici". Chi sono i primi e chi sono i secondi?

d. • Costruite una frase o un breve testo contenente questi vocaboli dell'area semantica dell'aviazione:

apparecchi   aeroplano   avaria   manicotto dell'olio

e. •• "In tempi come questi la fuga è l'unico mezzo per mantenersi vivi e continuare a sognare". Commentate insieme a un compagno questa affermazione, mettendola in relazione a fatti e situazioni diverse da quelle descritte nel film.

f. •• Preparate in gruppo un'altra versione della IV scena scrivendo una sceneggiatura alternativa da recitare davanti ai compagni. Utilizzate tutte le informazioni che avete sui personaggi, con

MEDITERRANEO, di *Gabriele Salvatores*

qualche variazione rispetto al dialogo originale:
- *Personaggi: Lo Russo, Farina, Vassilissa (ragazza greca, moglie di Farina)*
- *Ambientazione: Antonio Farina si è nascosto in casa propria. Lo Russo lo scopre dentro un armadio.*
- *Atti comunicativi: Lo Russo cerca di convincere Farina a tornare in Italia, Farina è incerto. Vassilissa cerca di convincere il marito a rimanere.*

5 Spunti per la riflessione

- varietà regionali settentrionali, varietà toscana e siciliana
- italiano colloquiale
- narrare fatti passati, cercare di convincere a fare qualcosa
- espressioni di tempo, di necessità
- imperfetto indicativo, passato prossimo
- lessico relativo all'esercito, all'aviazione
- II Guerra Mondiale
- 8 settembre 1943
- Resistenza, CLN (Comitati di Liberazione Nazionale), partigiani
- civiltà greca

6 E adesso guardiamo tutto il film!

- Se avete la possibilità di vedere il film per intero, trovate la risposta alle seguenti domande:
- Descrivete ciascuno degli otto componenti del gruppo di italiani, indicando (quando è possibile): nome e cognome, regione da cui provengono, particolarità del carattere, istruzione, mestiere, grado militare.
- Perché nell'isola i soldati italiani non trovano inizialmente nessuno?
- Lo Russo racconta che in Africa si era trovato in una situazione simile: come era andata a finire?
- Il marinaio turco risponde sempre con una frase italiana: quale?
- Lo Russo è innervosito dall'ozio forzato sull'isola greca perché _____
- Farina e Vassilissa si sposano e restano nell'isola: di che cosa vivranno?
- Il finale del film è ambientato ai nostri giorni: quando il tenente torna sull'isola e ritrova Farina e Lo Russo, che cosa viene a sapere di loro?
- A chi si rivolge Lo Russo quando dice: "Avete vinto voi, ma almeno non sarò vostro complice"?
- Il film si può definire "realistico"? Perché?

capitolo **11**

NUOVO CINEMA PARADISO
di *Giuseppe Tornatore*

capitolo 11

NUOVO CINEMA PARADISO, di *Giuseppe Tornatore*

Biofilmografia

Regista: Giuseppe Tornatore
Nato a Bagheria (Palermo) nel 1956. Inizia da giovane ad occuparsi di teatro. Nel 1979 collabora alla RAI alla realizzazione di programmi culturali.
È co-sceneggiatore di Giuseppe Ferrara in *Cento giorni a Palermo*. Esordisce nel 1986 con *Il camorrista* tratto dal libro di Giuseppe Marrazzo e vince il Nastro d'Argento 87 quale miglior regista esordiente. Altri suoi film: *Nuovo Cinema Paradiso* (1988) insignito di diversi premi - Oscar '90 quale miglior film straniero, Gran Premio speciale giuria al Festival di Cannes, Globo d'oro stampa di Hollywood, Felix 89 premio speciale giuria -, *Stanno tutti bene* (1990), *Il cane blu* (1991) - episodio del film *La domenica* specialmente - *Una pura formalità* (1993), *L'uomo delle stelle* (1995) - Oscar '96, nomination quale miglior film straniero.

Film

NUOVO CINEMA PARADISO (1988)
Attraverso i ricordi di Totò adulto che vive a Roma, viene narrata la storia di un cinema siciliano "Cinema Paradiso" e di quello che era il cinema negli anni Cinquanta, punto di riferimento di un intero paese. Al cinema la gente rideva, si divertiva e sognava coi personaggi interpretati da Gary Cooper, James Stewart, Greta Garbo, Tyrone Power, Ingrid Bergman e Henry Fonda. Ma è anche il racconto dell'amicizia tra un adulto, Alfredo, operatore del "Cinema Paradiso", e un bambino, Totò, orfano di padre, che ama il cinema. Ma sarà proprio Alfredo a fargli capire l'importanza dell'educazione scolastica e dell'andar via dalla Sicilia per poter lavorare e ritrovare al ritorno la propria gente.

Cast

Regia: Giuseppe Tornatore
Soggetto e sceneggiatura: Giuseppe Tornatore
Aiuto regista: Giuseppe Giglietti
Interpreti: Antonella Attili, Enzo Cannavale, Isa Danieli, Leo Gullotta, Marco Leonardi, Pupella Maggio, Agnese Nano, Leopoldo Trieste, Salvatore Cascio, Tano Cimarosa, Nicola Dipinto, Roberta Lena, Nino Terzo, Jacques Perrain, Brigitte Fossey, Philippe Noiret, Nellina Laganà, Turri Giuffrida, Mariella Lo Giudice, Giorgio Libassi, Beatrice Palmi, Ignazio Pappalardo, Margherita Mignemi, Giuseppe Pellegrino, Turi Killer, Angelo Tosto, Concetta Borpagano, Franco Catalano, Angela Lentino, Mimmo Mignemi

Fotografia: Blasco Giurato
Scenografia: Andrea Crisanti
Costumi: Beatrice Bordone
Trucco: Maurizio Trani
Montaggio: Mario Morra
Organizzatore: Nino Barbera
Coordinamento: Riccardo Caneva
Direttore dell'edizione: Lillo Capoano
Musiche: Ennio Morricone
Produzione: Una coproduzione italo-francese Cristaldi Film, Film Ariane (Parigi)
Produzione associata RAI Tre, TF 1 Film Production con la collaborazione della Forum Pictures SpA
Durata: 57 minuti

NUOVO CINEMA PARADISO, di *Giuseppe Tornatore*

11 *capitolo*

Commento

Secondo film del trentaduenne Giuseppe Tornatore, *Nuovo cinema Paradiso* uscì nelle sale di proiezione in due versioni: la prima, prolissa e con troppe divagazioni rispetto alla direttrice narrativa principale, la seconda, più asciutta e meglio articolata, che elimina opportunamente parte di una vicenda amorosa del protagonista e pone in maggiore risalto la rievocazione d'ambiente in un paesino siciliano dove il cinema era ancora una magia da scoprire.

In questa seconda veste il film ha avuto un successo folgorante, superiore ai suoi meriti, anche per un eccesso di "colore" folcloristico e troppi indugi sentimentali. Ma la fresca vena con cui il protagonista, "alter ego" del regista, rievoca, in un clima da favola familiare alla Frank Capra, un'adolescenza trascorsa in un cinema parrocchiale, tra film visti e vissuti come frammenti di un altro mondo, riesce ad avvincere ed ha una valenza emotiva non comune, anche per l'evidente sincerità autobiografica.

Di "cinema - bottega incantata", nella provincia italiana del secondo dopoguerra ve n'erano parecchi, più o meno uguali a questo un po' buffo e patetico "Cinema Paradiso". E certo, ricostruiti a questo modo, in un Meridione fortemente caratterizzato e ricco di personaggi un po' alla Fellini, un po' alla Eduardo de Filippo, e per di più "angelicati" dall'occhio bonario di un già citato emulo di Capra, non potevano che conquistare anche gli stranieri, in primo luogo gli americani.

Alberto Longatti

Dialogo

I scena (4:07)

Cinema - Interno sala di proiezione

Totò sale le scale del cinema. Entra nella sala di proiezione facendosi il segno della croce. Porge ad Alfredo un sacchetto.

TOTO' Alfredo, io non c'entro, tua moglie mi ha detto di portarti il mangiare.

ALFREDO Dammi qua.

TOTO' <u>Ce</u> l'ho detto a mia madre che non me le avevi date tu le pellicole, che non era stata colpa tua, <u>a me mi</u> pareva uno scherzo che le pellicole prendono fuoco, solo questo ti volevo dire. Me ne vado.

ALFREDO Totò, vieni qua. Avanti vieni qua dai, <u>assèttate accà, assèttate,</u> sentimi bene <u>a</u> quello che ti dico. Io ho cominciato questo mestiere a dieci anni, a quei tempi non è che c'erano queste macchine moderne. Eh eh, le pellicole erano mute, il proiettore girava a mano, proprio così, con la manovella, tutto il santo giorno a girare la manovella, ed era così dura questa manovella, che se uno si

NUOVO CINEMA PARADISO, di *Giuseppe Tornatore*

stancava un poco e perdeva velocità, di un colpo pum, se ne andava tutto a fuoco.

TOTO' Allora perché non me lo insegni <u>pure</u> a me, ora che non c'è più la manovella e viene più facile?

ALFREDO Perché non voglio, Totò, tu non lo devi fare questo lavoro, sei come uno schiavo, te ne stai sempre solo, ti vedi cento volte la stessa pellicola perché non hai altro da fare, e ti metti a parlare con Greta Garbo e Tyron Power come un pazzo, lavori come <u>'nu scemu</u>, e <u>per di giunta</u> alle feste a Pasqua, a Natale, solo il Venerdì Santo sei libero, e senti <u>a mmìa</u>, se a Gesù Cristo non lo mettevano in croce pure al Venerdì Santo si <u>travagliava</u>.

TOTO' E allora perché non cambi mestiere?

ALFREDO Perché sono uno <u>scimunito</u>, quanti altri in paese lo sanno fare l'operatore, <u>manco</u> uno, solo un cretino comme <u>a mmìa</u> lo poteva fare, e poi io non ho avuto fortuna: quando ero <u>picciriddu</u> c'era la guerra, quando diventai grande c'era un'altra guerra.

Allora, vuoi fare il <u>minchione comme a mmìa</u>? Rispondi!

TOTO' No.

ALFREDO Bravo Totò bravo Totò, io lo dico soltanto per il tuo bene, chiuso qui dentro muori di caldo d'estate e muori di freddo d'inverno, respiri fumo e gas e alla fine guadagni una miseria.

Alfredo si allontana dal proiettore, Totò inizia a guardare il proiettore, schiaccia i pulsanti che interrompono la proiezione.

TOTO' Ma non ti piace proprio niente di quello che fai?

ALFREDO Con il tempo uno si abitua e poi quando senti da qua sopra che il cinema è pieno, la gente ride e si diverte, e allora sei contento pure tu, ti fa piacere che gli altri ridono, è proprio come se fossi tu a farli ridere, gli fai scordare le disgrazie e le miserie, questo mi piace.

Totò ferma il proiettore e ride. Alfredo lo butta fuori dalla sala di proiezione. Totò scende le scale correndo.

ALFREDO Ma allora che ho parlato turco? Che guardi, fai finta di darmi ragione e appena mi giro fai come ti pare? Ha ragione tua madre, un pazzo sei, sì pazzo, ma come ha fatto questo figlio di puttana a forza di guardare ha imparato, cose dell'altro mondo.

Alfredo si affaccia alla finestra sulla piazza, grida a Totò.

ALFREDO Ora lo dico pure al cassiere, non devi entrare più neppure dentro al cinema, hai capito, e ora parlo pure con Padre Adelfio, manco <u>'o chierichetto te</u> faccio fare <u>cchiù</u>, mai più, disgraziato!

TOTO' Alfredo!

ALFREDO Che?

TOTO' <u>Vaffanculo</u>!

II scena (1:55)

Sala di proiezione - interno giorno

Dalla porta entra Alfredo, cieco, accompagnato dalla moglie.

ALFREDO C'è un posto <u>pe mmìa</u> nel Nuovo Paradiso?

TOTO' Alfredo, Alfredo! Alfredo!

MOGLIE DI ALFREDO Totò, poi quando chiudete me lo accompagni tu.

NUOVO CINEMA PARADISO, di *Giuseppe Tornatore*

11 capitolo

(Rivolta ad Alfredo) Io vado, Alfredo.

TOTO' Sì, signora Anna.

(Rivolto ad Alfredo) Sono contento che sei venuto.

ALFREDO E a scuola <u>como</u> va?

ALFREDO Bene, però ora che ho il lavoro forse non ci vado più.

ALFREDO No, Totò no, non lo fare, ti troverai con un pugno di mosche in mano, prima o poi.

ALFREDO Perché, che significa?

ALFREDO Voglio dire che questo non è il tuo lavoro. Per ora il Cinema Paradiso ha bisogno di te e tu giustamente hai bisogno del Cinema Paradiso, ma non durerà, un giorno avrai altre cose da fare, altre cose, più importanti, sicuro, più importanti, sì, eh, io lo so, ora che ho perso la vista ci vedo di più.

Alfredo accarezza il viso di Totò, che improvvisamente è adolescente. Totò fa una faccia seria, incredula.

ALFREDO Vedo tutto <u>chiddu</u> che non vedevo prima ed il merito è tuo Totò, che mi hai salvato la vita, ed io non lo dimenticherò, e non fare questa faccia, che non sono ancora rincoglionito, la vuoi una prova?

TOTO' Sì.

ALFREDO Allora, vediamo, per esempio in questo momento la proiezione è sfocata, controlla.

TOTO' Eh, è vero, Alfredo, è proprio sfocata, ma come hai fatto?

ALFREDO Eh, è troppo difficile da spiegare *(ride)*.

III scena (1:30)

Esterno giorno

Alfredo e Totò davanti al mare. Totò è appena tornato dal servizio militare, racconta barzellette per mascherare la sua tristezza.

TOTO' Te la ricordi la storia del soldato e della principessa? Ora ho capito perché il soldato andò via proprio alla fine. Sì, bastava un'altra notte e la principessa sarebbe stata sua, ma lei poteva anche non mantenere la sua promessa, sarebbe stato terribile, sarebbe morto. Così invece, almeno per 99 notti era vissuto nell'illusione che lei fosse lì ad aspettarlo.

ALFREDO Farai come il soldato, Totò, <u>vatténne</u>, <u>chista</u> è terra maligna.

I due seduti su un muretto con la schiena verso il mare.

ALFREDO Fino a quando ci stai tutti i giorni ti senti al centro del mondo, ti sembra che non cambia mai niente, poi parti, un anno, due, e quando torni è cambiato tutto, si rompe il filo, non trovi chi volevi trovare, le tue cose non ci sono più. Bisogna andare via per molto tempo, per moltissimi anni per ritrovare al ritorno la tua gente, la terra, dove sei nato. Ma ora no, non è possibile, ora tu sei più cieco di me.

TOTO' Questo chi lo ha detto, Gary Cooper, James Stewart, Henry Fonda, eh?

ALFREDO No, Totò, non l'ha detto proprio nessuno. <u>Chisto</u> lo dico io. La vita non è come l'hai vista al cinematografo, la vita è <u>cchiù</u> difficile, <u>vatténne</u>, tornatene a Roma, tu sei giovane, il mondo è tuo, e io sono vecchio. Non voglio più sentirti parlare, voglio sentire parlare <u>de ttìa</u>!

11 capitolo

NUOVO CINEMA PARADISO, di *Giuseppe Tornatore*

ATTIVITÀ DIDATTICHE

Durata della sequenza: I scena 4:07 - II scena 1:33 - III scena 1:30
Personaggi: Alfredo (varietà siciliana e dialetto siciliano), Totò bambino (varietà siciliana),
Totò adulto (italiano standard).
Relazione sonoro/immagini: parallela, complementare
Difficoltà di comprensione: ✶✶

1 Motivazione

a. • Scrivete i primi 10 nomi comuni che vi vengono in mente sentendo la parola "cinema", poi aggiungete i nomi degli attori e delle attrici che preferite e il titolo dell'ultimo film che avete visto in una sala cinematografica.

b. • Nel periodo dopo la Seconda Guerra Mondiale la Sicilia e tutta l'Italia si trovavano in una grave crisi economica: ricordate le scene di qualche film neorealista che descriveva la vita di quegli anni?

c. •• Quali parametri di valutazione si possono applicare per giudicare un mestiere? Discutetene con un compagno (retribuzione, condizioni di lavoro, ferie, ecc.).

2 Globalità

a. • Guardate la I scena senza sonoro: chi sono l'uomo e il bambino? dove si trovano? di cosa potrebbero parlare fra loro?

b. • Guardate ora la prima scena completa di sonoro e scegliete la risposta giusta:

Totò vorrebbe imparare a fare ❑ l'operatore ❑ il chierichetto ❑ il cameriere

Alfredo si arrabbia perché Totò ❑ gli ha rotto la macchina ❑ ha imparato il suo mestiere
❑ ha fatto finta di dargli ragione

c. • Fra la prima e la seconda scena si sono svolti dei fatti (Alfredo è diventato cieco in un incendio e Totò lo ha sostituito come operatore): guardate la seconda scena e scegliete la risposta giusta.

Totò pensa di ❑ lasciare la scuola ❑ tornare a scuola ❑ partire

Alfredo ❑ è d'accordo con Totò ❑ non è d'accordo con Totò

d. • Guardate ora la terza scena, in cui Totò è appena tornato dal servizio militare a Roma: secondo Alfredo, Totò dovrebbe

NUOVO CINEMA PARADISO, di *Giuseppe Tornatore*

11 capitolo

❏ continuare a fare il soldato ❏ andarsene solo per un anno o due
❏ andarsene per molto tempo da casa ❏ diventare famoso

e. • Ascoltate di nuovo le battute di Alfredo della prima scena e prendete appunti su quelli che sono i vantaggi e gli svantaggi del lavoro di operatore cinematografico.

VANTAGGI	SVANTAGGI

Analisi

a. • Leggete la sceneggiatura delle tre scene e sostituite le espressioni sottolineate (in dialetto siciliano) con quelle corrispondenti in italiano, che trovate qui elencate:

qui,   scemo,   questo,   quello,   lavorava,   per me,   siediti,   come me,
più,   il,   uno,   vattene,   questa,   di te,   nemmeno,   me,   piccolo

b. • Cercate queste espressioni idiomatiche nella sceneggiatura e scrivete a fianco di ciascuna un'altra frase con lo stesso significato:

"guadagni una miseria": _____
"parlare turco": _____
"cose dell'altro mondo": _____
"ritrovarsi con un pugno di mosche": _____

c. • Alfredo cerca di dissuadere Totò dal fare il suo mestiere, dall'avvicinarsi alla macchina operatrice, dal lasciare la scuola, e di convincerlo a lasciare la Sicilia. Totò vuole invece convincere Alfredo a insegnargli il suo stesso mestiere. Scrivete a fianco di ognuna di queste battute lo scopo comunicativo fondamentale (D = dissuadere; C = convincere)

___ tu non lo devi fare questo lavoro!
___ vuoi fare lo stupido come me?
___ perché non me lo insegni pure a me?
___ io lo dico soltanto per il tuo bene!
___ non devi entrare più neppure dentro al cinema!

11 capitolo

NUOVO CINEMA PARADISO, di *Giuseppe Tornatore*

___ non lo fare!
___ vattene!
___ tornatene via!

d. • Dopo le espressioni usate per esprimere piacere o opinione, in italiano standard si usa il congiuntivo. Inserite il verbo mancante alla forma giusta, in queste frasi che invece nel dialogo del film (nella varietà regionale siciliana) presentano l'indicativo:

mi pareva uno scherzo che le pellicole _____ fuoco (prendere)
ti fa piacere che gli altri _____ (ridere)
sono contento che _____ venuto (tu, essere)
finché stai qui ti sembra che non _____ niente (cambiare)

e. • Rileggete la sceneggiatura delle tre scene per capire a cosa si riferiscono gli aggettivi e i pronomi dimostrativi contenuti in queste frasi:

"siediti *qui* (= _____)"
"chiuso *qui dentro* (= _____)"
"quando senti da *qua sopra* (= _____) che il cinema è pieno, allora sei contento pure tu"
"*questa* (= _____) è terra maligna"

f. • Alfredo dice che quando era piccolo c'era una guerra, quando diventò grande c'era un'altra guerra: a quali guerre si riferisce? _____
In che anno sarà nato Alfredo? Intorno al ❏ 1890 ❏ 1900 ❏ 1910

g. • Nella prima scena Alfredo parla del passato usando molti verbi all'imperfetto per esprimere azioni abituali. Rileggete le battute di Alfredo nella sceneggiatura e inseritele in un monologo in cui racconta la sua vita come operatore cinematografico. Il monologo potrebbe cominciare così:
«Io ho cominciato questo mestiere a dieci anni. A quei tempi...

4 Sintesi

a. • Trasformate questo brano al passato:

L'operatore è come uno schiavo, se ne sta sempre da solo, vede cento volte la stessa pellicola perché non ha altro da fare, si mette a parlare con Greta Garbo e Tyron Power come un pazzo, lavora come uno scemo, si perde tutte le feste, respira fumo e gas e alla fine guadagna una miseria.

b. • In base alle vostre esperienze e conoscenze, completate questo brano:

Negli anni Venti, il cinema era muto, il proiettore per le pellicole doveva essere azionato a mano da un operatore che girava una manovella e se rallentava c'era il rischio che si incendiasse tutto.

NUOVO CINEMA PARADISO, di *Giuseppe Tornatore*

11 capitolo

Eppure le sale cinematografiche erano piene e il cinema affascinava tanta gente. Oggi, invece,
_____
_____

c. • "Se a Gesù non lo mettevano in croce, pure al Venerdì Santo si travagliava": da cosa nasce l'ironia di questa frase?

d. •• Leggete questo brano tratto dalla sceneggiatura del film *Nuovo Cinema Paradiso* (Sellerio Editore, Palermo, 1990) e discutete con un compagno sulle differenze fra questa descrizione di un cinema di paese della Sicilia degli anni Cinquanta, e i cinema che frequentate voi oggi. Scrivete poi individualmente una descrizione analoga riferita ad una situazione di epoca e luogo diverso.

> *La platea è più affollata della galleria, come tutte le domeniche, e c'è gran chiasso. Il ragazzo che vende gassose, gelati e caramelle urla e corre da tutte le parti. Adesso si spengono le luci, il brusio si dissolve e inizia la proiezione.*
> *Salvatore è seduto nelle prime file, sotto lo schermo, accanto agli altri bambini, tutti a testa all'insù. Il più sbruffone del gruppo fuma una sigaretta. (...) Improvviso dalla folla si leva un coro di fischi e urla... Sullo schermo è apparso un globo terrestre che gira tra le stelle: è la sigla del telegiornale. (p. 28-29)*

e. • In che senso Alfredo dice: "Ora che ho perso la vista ci vedo di più"?

f. • Alfredo dice a Totò adulto: "Non voglio sentir*ti* parlare, voglio sentire parlare *di te*!": spiegate con altre parole questa opposizione basata sul pronome tonico e atono della II persona singolare.

g. •• Scegliete un mestiere e fate una scaletta dei vantaggi e degli svantaggi. Poi rivolgetevi a un compagno e simulate la stessa situazione della prima scena: uno cerca di convincere l'altro a insegnargli il mestiere, l'altro cerca di dissuaderlo.

5 Spunti per la riflessione

- varietà siciliana (caratteristiche fonetiche e intonative, morfosintassi, scelte lessicali)
- cercare di convincere a fare, dissuadere dal fare, esprimere opinioni, narrare fatti passati
- passato remoto, imperfetto per esprimere azioni passate abituali
- verbi riflessivi
- congiuntivo dopo verbi di piacere e opinione
- lessico del cinema, del lavoro
- Sicilia anni Cinquanta
- crisi del cinema
- mestiere dell'operatore cinematografico
- festività cattoliche (Pasqua, Natale, Venerdì Santo)
- attori famosi negli anni Quaranta (Greta Grabo, Tyron Power, ecc.)

capitolo 11

NUOVO CINEMA PARADISO, di *Giuseppe Tornatore*

6 E adesso guardiamo tutto il film!

- Se avete la possibilità di vedere il film per intero, trovate la risposta alle seguenti domande:
- All'inizio del film l'uomo in camera da letto viene a sapere che ha chiamato sua madre. Quale notizia doveva dargli?
- Il film continua con un flash-back: perché il prete va al cinema da solo e nella sala vuota ogni tanto suona la campanella?
- La II Guerra Mondiale è finita ma il padre di Totò non ritorna: da dove?
- Totò ha speso nel biglietto del cinema le 50 lire che gli aveva dato la mamma per il latte: che bugia inventa Alfredo per evitare che la mamma si arrabbi con lui?
- Totò sostiene l'esame della quinta elementare: che significato hanno i gesti che Totò fa ad Alfredo durante il compito di matematica?
- Mettete nell'ordine giusto questa lista di scene tipiche della Sicilia degli anni Cinquanta, secondo l'ordine in cui compaiono nel film:

    ❏ ragazzi con i pidocchi   ❏ uomini con la coppola   ❏ fichi d'India
    ❏ carretto siciliano   ❏ pomodori seccati al sole

- Quale sistema escogita Totò per poter proiettare il film *Catene* contemporaneamente nel cinema di Giancaldo e in quello di un altro paese vicino?
- Cosa dice la storia del soldato che Alfredo racconta a Totò?
- Totò non avrebbe dovuto fare il servizio militare: perché?
- Quando Alfredo saluta Totò alla stazione gli ordina di _____
- Totò ormai adulto torna a Giancaldo per il funerale di Alfredo e tutti lo trattano come una persona importante: perché?
- Totò rivede Elena, il suo primo amore: perché non si erano incontrati all'appuntamento che lui le aveva dato prima di partire per il servizio militare?
- Alfredo che cosa ha lasciato a Totò in eredità?

capitolo **12**

LA SCORTA
di *Ricky Tognazzi*

capitolo 12

LA SCORTA, di *Ricky Tognazzi*

Biofilmografia

Regista: Ricky Tognazzi
Nato a Milano nel 1955. Si diploma all'Istituto di Stato per la Cinematografia e lavora come aiuto per Pupi Avati, Nanni Loy, Sergio Leone, Luigi Comencini, Maurizio Ponzi e per il padre Ugo. È attore in *Qualcosa di biondo* (1984), *Famiglia* (1987), *Una storia semplice* (1991), *Maniaci sentimentali* (1994). *Fernanda* (1987) è il suo primo film come regista. Altre sue regie: uno degli episodi di *Piazza Navona*, *Piccoli equivoci* (1988), *Ultrà* (1991) - premio quale migliore regia al festival di Berlino 91, *La scorta* (1993), *Vite strozzate* (1995) - in concorso al festival di Berlino 1996.

Film

LA SCORTA (1993)
A Trapani, dopo l'agguato mafioso in cui perde la vita il giudice Rizzo, giunge il procuratore De Francesco per svolgere le indagini. A fargli da scorta, in un ambiente ostile e sospettoso, vengono chiamati quattro poliziotti: Andrea, brigadiere e caposcorta, Mario, Raffaele e Angelo, che si è offerto volontario per ritornare al suo paese.
La vita dei quattro poliziotti un po' "eroi" ma anche uomini con paure e sogni, si lega a quella solitaria e difficile del procuratore De Francesco. Nasce tra loro una vera amicizia che diventerà più solida dopo l'assassinio di Raffaele.
La decisione di andare avanti a tutti i costi nell'indagine che vede colpevole quasi l'intera città viene vanificata dal trasferimento del procuratore De Francesco in un altro paese.

Cast

Regia: Ricky Tognazzi
Collaborazione alla regia: Simona Izzo
Soggetto: Graziano Diana e Simona Izzo. Da un'idea di Giovanni Rivoli e Stefano Sudé
Sceneggiatura: Graziano Diana
Interpreti: Claudio Amendola, Enrico Lo Verso, Carlo Cecchi, Ricky Memphis, Tony Sperandeo, Lorenza Indovina, Ugo Conti, Rita Savagnone, Francesca D'Aloja, Angelo Infanti, Giovanni Alamia, Benedetto Raneli, Guia Jelo, Giovanni Pallavicino, Giacinto Ferro, Francesco Siciliano, Leo Gullotta
Fotografia: Alessio Gelsini
Montaggio: Carla Simoncelli
Assistente: Fabio Ferranti
Musiche: Ennio Morricone
Direttore di produzione: Massimo Martino
Fonico di presa diretta: Remo Ugolinelli
Produzione: Claudio Bonivento per Penta Film
Durata: 96 minuti

LA SCORTA, di *Ricky Tognazzi*

12 capitolo

Commento

Auto blindate, giubbotti antiproiettile, sirene spiegate e pistole spianate. Attenzione, passano i ragazzi della scorta, gli angeli custodi che lottano contro i demoni del male. Il regista li presenta come persone normali, con le loro frustrazioni e aspirazioni, accomunati però dalla tenace volontà di restituire vivibilità e legalità a un paese martoriato.

Nella pellicola è palpabile il disagio tutto italiano della lotta alla mafia, condotta con grande determinazione ma spesso con scarsi risultati. Quanti omicidi di magistrati e di agenti sono stati commissionati in passato dagli stessi uomini dello Stato in combutta con l'"anti-Stato"? Parecchi, purtroppo, e rattrista sapere che mandanti ed esecutori continuano a rimanere nell'ombra, protetti dal potere occulto.

Il film, liberamente ispirato ai fatti accaduti al giudice Francesco Taurisano e agli uomini della sua scorta, è ambientato a Trapani, dove il Sostituto Procuratore della Repubblica, De Francesco, prende il posto di un collega assassinato. Il Palazzo di Giustizia si rivela subito un covo di vipere in cui la corruzione dilaga e non lascia scampo agli uomini onesti che, anzi, sono trasferiti d'ufficio.

La scorta, in sostanza, invita gli uomini coraggiosi a non arrendersi e in questo modo vanno interpretate le parole sussurrate dall'agente moribondo al suo collega, quando, dopo il fallito attentato al giudice, a fatica dice: "Non ci sono riusciti!". Come faticosa ma non impossibile è la lotta alla Piovra.

Pierluigi Fiorenza

Dialogo

I scena (2:30)

Appartamento del procuratore - Interno giorno

Il brigadiere Andrea Forzala entra nell'appartamento del procuratore della Repubblica De Francesco.

PROCURATORE DE FRANCESCO Ah, buongiorno, brigadiere, prego!

ANDREA Mi scusi se la disturbo.

PROCURATORE DE FRANCESCO Anzi, ha fatto bene a venire. Mi immagino che sia per Mandolesi. Mi scusi, ero in cucina, ho telefonato a mia madre per avere la ricetta della pasta con i broccoli, mia moglie non mi risponde neppure più al telefono.

Prego, si accomodi. E poi a Rivaresse è certo che la pasta con i broccoli non l'han saputa fare mai. Ma secondo me ci manca qualche cosa.

ANDREA I pinoli li ha messi?

PROCURATORE DE FRANCESCO Quelli <u>mammà</u> ha detto che i pinoli non ci vanno,... Ah, le alici. Il ragazzo tiene <u>'na capa 'e mmerda</u>, mi mette in imbarazzo, e poi sta diventando pericoloso, mi pare, quindi, se Lei lo vuole sostituire...

ANDREA No, aveva le sue ragioni. Sono stato io a dire al presidente Caruso che Lei aveva sottratto l'indagine sulla diga al dottor Pollara. È andata così, mi dispiace.

PROCURATORE DE FRANCESCO Lei vuol dire che il presidente s'informa dei miei passi attraverso di Lei?

ANDREA Sì, aveva dei rapporti tesi anche con il giudice Rizzo, diceva che era impaziente, che non sapeva dove mettere le mani.

PROCURATORE DE FRANCESCO Sapeva, sapeva dove metterle le mani, altrimenti perché l'avrebbero fermato?

ANDREA Mandolesi, Angelo. Lui si è offerto volontario, io invece sono stato ordinato. È come un animale ferito, <u>c'ha</u> una rabbia dentro che certe volte la vorrei avere io. È me che deve sostituire.

PROCURATORE DE FRANCESCO No, non sostituisco uno che mi dice la verità. Madonna i broccoli, si sono bruciati tutti quanti. Brigadiere, io la inviterei pure a pranzo ma penso che Sua moglie cucini meglio di me.

ANDREA Lo penso anch'io.

II scena (1:20)
Poligono di tiro

I poliziotti della scorta si allenano al poligono di tiro. Andrea va verso Angelo.

ANDREA Ciao. Sono venuto a vedere come si addestrano i miei uomini.

ANGELO Non sono più dei tuoi uomini.

ANDREA Peccato, perché guarda che spari molto bene.

ANGELO Ci dovevi pensare prima.

ANDREA Ci posso ripensare?

ANGELO Dovrei farlo anch'io. Non mi fido di un caposcorta cresciuto negli uffici.

RAFFAELE Che ti hanno fatto all'occhio?

ANDREA È stato un amico.

RAFFAELE Sei sicuro che era un amico?

ANDREA Sì.

Angelo gli passa una pistola.

ANGELO Sai usare la calibro nove?

ANDREA Vuoi provare?

ANGELO Provala tu.

Andrea inizia a sparare.

MARIO Che, siete tutti cecchini?

ANDREA Cinque anni di radio mobile. Al terzo figlio Lia mi ha ricattato.

III scena (3:05)
Casa del brigadiere Andrea Forzala - Interno

I membri della scorta ed il procuratore cenano.

ANDREA (*Al figlioletto, mentre prende un*

LA SCORTA, di Ricky Tognazzi

capitolo 12

cannolo dal vassoio) Eh, mangi ancora? Questo è il terzo!

PROCURATORE DE FRANCESCO Ma sono buonissimi, dove li ha trovati?

RAFFAELE Da uno sul Corso, non mi ricordo bene.

MARIO Non mi ricordo bene! A momenti si faceva incartare pure la pasticciera....

I BIMBO *(Al procuratore)* Ma tu non ce l'hai la moglie?

PROCURATORE DE FRANCESCO Sì, ce l'ho la moglie, ho anche una bambina, si chiama Roberta, ha più o meno la tua età, ma sta a Varese con la mamma.

I BIMBO Perché, ha paura delle bombe?

MOGLIE DI ANDREA Bambini, aiutatemi a sparecchiare.

I BIMBO Io invece non ho paura, da grande voglio fare il magistrato, così tolgo l'acqua quando mi pare.

II BIMBO No, io voglio fare la scorta come papà.

La moglie di Andrea si alza ed allontana i bambini. Il Procuratore ed i membri della scorta rimangono a tavola.

PROCURATORE DE FRANCESCO Era molto tempo che mangiavo da solo, fa piacere trovarsi con degli amici. In Procura, lo sapete, le cose non vanno bene, c'è un'ostilità.... Il presidente Caruso non è, non credo che sia disonesto, è perfino peggio, è "terzo", come dite voi, è uno che non sta con la mafia né con quelli che la combattono.

(Alla moglie di Andrea) Grazie signora, magnifico tutto quanto!

MOGLIE DI ANDREA Grazie *(esce).*

PROCURATORE DE FRANCESCO Aveva ragione Forzala, i pinoli sulla pasta ci volevano. Io continuerò l'indagine sui pozzi anche se Caruso me l'ha tolta.

ANDREA Lei sta continuando il lavoro del dottor Rizzo. E noi continueremo quello del maresciallo Virzini.

ANGELO Il maresciallo aveva degli informatori e io uno l'ho incontrato. Mi ha fatto il nome di Bazzaglia.

PROCURATORE DE FRANCESCO Ho bisogno di fare delle intercettazioni telefoniche, voi sareste le persone più fidate.

ANDREA Raffaele, tu che fai?

RAFFAELE <u>Procuratò</u>, a me mio padre mi lasciò tre cose: il fiuto, la presenza e un mazzo di chiavi, le chiavi della mia vita. È tutta questione di trovare la toppa giusta, la serratura giusta, e voi per me siete la serratura giusta.

MARIO E a me, a me non me lo chiedete?

ANDREA E beh, e tu lo sappiamo che sei con noi.

ANGELO Se stiamo tutti uniti, ma quanto ce ne devono mettere di tritolo sotto il culo per farci saltare in aria?

MARIO <u>Mortacci tua !</u> *(Fa un gesto di scongiuro).*

capitolo 12

LA SCORTA, di *Ricky Tognazzi*

IV scena (2:35)

Appartamento-bunker del procuratore De Francesco - Interno

ANDREA Oggi dovrò dire al procuratore del tuo trasferimento.

MARIO Non si può <u>rimanda'</u>?

ANDREA Vai via fra tre giorni.

MARIO Glielo vorrei <u>di'</u> io.

ANGELO *(Al procuratore che sta entrando)* Stiamo cercando di dare una sistemata...

PROCURATORE DE FRANCESCO Lasciate, lasciate fare.... Quando io ho deciso di venire a Trapani sapevo che avrei corso dei rischi, l'avevo messo in conto, ma che sia successo ad uno di voi, questo io non lo posso sopportare. Il comitato di sicurezza ha deciso di assegnarmi questo alloggio. Penso di dover andare avanti da solo. A me non è concesso rinunciare alla scorta. Vorrei che lo faceste voi.

ANDREA Noi... passiamo a prenderla domattina alle otto.

ANGELO Procuratore, non si dimentichi di firmare quegli atti. Arrivederci.

ANDREA Credo che Muzzi debba dirle qualcosa.

MARIO Mi è arrivato il trasferimento, però mica posso stare ai comodi loro, io. Niente, io le volevo chiedere se mi poteva raccomandare per farmi <u>rimane'</u>, mica <u>so'</u> matto io, io non mi piace neanche a me <u>mori'</u>, però non ce l'ho il coraggio d'andarmene.

PROCURATORE DE FRANCESCO Grazie.

I tre uomini della scorta escono.

LA SCORTA, di *Ricky Tognazzi*

12 capitolo

ATTIVITÀ DIDATTICHE

Durata della sequenza: I scena 2:30 - II scena 1:20 - III scena 3:05 - IV 2:35
Personaggi: procuratore De Francesco (italiano standard), Andrea (varietà calabrese), Mario (varietà romana), Angelo (varietà romana con tratti siciliani), Raffaele (varietà siciliana)
Relazione sonoro/immagini: complementare, parallela
Difficoltà di comprensione: ✳✳✳

1 Motivazione

a. • Se sul giornale leggete la parola "attentato", quali possibilià vi vengono in mente (luogo, autori, motivo, ecc.)?

b. •• Quali sono i settori in cui la corruzione è più dannosa: politica, giustizia, spettacolo, lavoro, scuola? Discutetene con i vostri compagni, portando prove e esempi a sostegno della vostra opinione.

c. • Avete mai letto una notizia che parli di un magistrato ucciso perché aveva scoperto qualcosa di troppo "scottante"? In quale ambiente si era verificato il fatto?

d. • Quali associazioni di idee vi fa venire in mente la parola "mafia"? Scrivete o disegnate per 5 minuti tutto ciò che per voi è collegato a questo tipo di criminalità organizzata.

2 Globalità

a. • Leggete l'antefatto, poi guardate la I scena e decidete quali di queste affermazioni sono giuste secondo il contenuto del dialogo:

Antefatto: Andrea è il capo della scorta del procuratore De Francesco. Dopo avere avuto una discussione con Angelo Mandolesi (uno dei tre carabinieri che fanno parte della scorta) va a trovare il procuratore a casa.

- Andrea va dal procuratore perché
  ❏ è stato invitato ❏ vuole sostituire Mandolesi ❏ vuole confessare una propria colpa
- Il presidente Caruso ha saputo delle indagini del procuratore sulla diga
  ❏ da Mandolesi ❏ da Andrea ❏ dal procuratore stesso
- Andrea dice al procuratore che Mandolesi
  ❏ è un tipo pericoloso ❏ è colpevole ❏ non è colpevole

133

12 capitolo

LA SCORTA, di *Ricky Tognazzi*

- Il procuratore
    - ❏ accetta di sostituire Andrea
    - ❏ non accetta di sostituire Andrea
    - ❏ rimanda la decisione di sostituire Andrea

b. • Guardate la II scena (al poligono di tiro) e decidete quali affermazioni sono giuste in base al dialogo:

- Andrea vuole
    - ❏ fare la pace con Mandolesi
    - ❏ controllare se Mandolesi spara bene come lui
    - ❏ trovare un pretesto per litigare di nuovo con Mandolesi
- Andrea è bravo a sparare perché
    - ❏ è dotato   ❏ ha fatto molta pratica sul lavoro   ❏ va sempre al poligono

c. • Guardate la III scena (il procuratore e gli uomini della scorta a pranzo a casa di Andrea) e decidete quali affermazioni sono giuste in base al dialogo:

- Il procuratore
    - ❏ ha moglie e figlia   ❏ vive con moglie e figlia   ❏ vive solo
- Secondo il procuratore, il presidente della Procura Caruso
    - ❏ è un mafioso   ❏ è contro la mafia   ❏ non è né con la mafia né contro
- Alla richiesta del procuratore di aiutarlo a fare delle intercettazioni telefoniche, i membri della scorta rispondono
    - ❏ di sì   ❏ di no   ❏ che ci devono riflettere sopra

d. • Guardate la IV scena (nell'appartamento-bunker del procuratore) e decidete quali affermazioni sono giuste in base al dialogo:

- Il procuratore chiede ai membri della scorta di
    - ❏ restare con lui   ❏ farsi assegnare un altro incarico   ❏ firmare gli atti
- Mario chiede al procuratore di
    - ❏ farlo restare   ❏ rimandare il trasferimento   ❏ essere trasferito

3 Analisi

a. • Rileggete la sceneggiatura per individuare queste battute. Poi fate le vostre ipotesi sul loro

LA SCORTA, di *Ricky Tognazzi*

12 *capitolo*

significato e scrivetele completando la frase lasciata in sospeso:

- Il Procuratore dice "Mia moglie non mi risponde più neppure al telefono" perché _____
_____

- Al poligono Mandolesi dice a Andrea "Non mi fido di un caposcorta cresciuto negli uffici" perché _____
_____

- Al poligono Andrea dice "Al terzo figlio, Lia mi ha ricattato" perché_____
_____

b. • Alcune delle battute pronunciate dai personaggi delle quattro scene fanno riferimento a fatti precedenti. Individuate nella sceneggiatura le battute dell'elenco a destra, e poi collegatele con l'antefatto corrispondente, scegliendo fra quelli elencati a sinistra:

ANTEFATTI	BATTUTE
Mandolesi ha accusato Andrea di aver fatto la spia informando Caruso delle indagini svolte da De Francesco e provocando la sua revoca dalle indagini.	"A momenti si faceva incartare pure la pasticcera"
Raffaele è innamorato di una commessa di un negozio di dolci.	"Voglio fare il magistrato, così tolgo l'acqua quando mi pare!"
Andrea ha minacciato Mandolesi di allontanarlo dalla scorta.	"Mandolesi aveva ragione"
Mandolesi ha colpito Andrea con un pugno	"Ci posso ripensare?"
Nell'ambito delle indagini sui pozzi svolte dal procuratore De Francesco, è stata tolta l'acqua diretta ad alcune case.	"Che ti hanno fatto all'occhio?"

LA SCORTA, di *Ricky Tognazzi*

c. • Ricostruite le seguenti battute, collegando la metà a sinistra con la metà corrispondente della lista a destra, poi rintracciatele nella sceneggiatura e scrivete a fianco di ognuna il nome del personaggio che le pronuncia:

PERSONAGGIO			
	Le volevo chiedere		come si addestrano i miei uomini
	Quando ho deciso di venire a Trapani sapevo		che il giudice Rizzo era impaziente
	Sono stato io a dire		di fare delle intercettazioni telefoniche
	Il presidente Caruso diceva		che avrei corso dei rischi
	Che sia successo a uno di voi		non posso sopportarlo
	Sono venuto a vedere		se mi poteva raccomandare
	Ho bisogno		del tuo trasferimento
	Oggi dovrò dire al procuratore		che Lei aveva sottratto l'indagine al dottor Pollara

d. • Il procuratore dice a Andrea, Mario e Angelo: "A me non è concesso rinunciare alla scorta. Vorrei che lo faceste voi": a che cosa si riferisce il pronome "lo"?

e. • Ecco una lista di vocaboli relativi all'area semantica della legge. Cercate quelli che esprimono delle professioni e riscriveteli nel riquadro a destra:

	PROFESSIONI
procuratore, giudice, indagine, magistrato, procura, brigadiere, scorta, caposcorta, radio mobile, maresciallo, intercettazione, trasferimento, informatore, comitato di sicurezza	

LA SCORTA, di *Ricky Tognazzi*

f. • Collegate questi vocaboli dell'area semantica delle armi con le definizioni giuste:

    sparo   - ordigno esplosivo
    calibro nove   - elemento chimico usato per preparare miscele esplosive
    cecchino   - colpo di arma da fuoco
    tritolo   - tipo di pistola
    bomba   - tiratore scelto che, appostato in un nascondiglio, spara di sorpresa

g. • Osservate i gesti di scongiuro che i membri della scorta fanno alla fine della III scena: a quali parole delle battute precedenti si riferiscono?

4 Sintesi

a. • Riscrivete un possibile dialogo fra Andrea e Mandolesi, precedente alla I scena (Mandolesi accusa Andrea di aver tradito il procuratore).

b. •• Raffaele dice che suo padre gli ha lasciato tre cose: fiuto, presenza e le chiavi per la sua vita. Che cosa vuol dire? Discutetene con un compagno, riferendovi anche al contenuto della III scena.

c. • Ecco alcune espressioni idiomatiche usate nei dialoghi: dopo averle rintracciate nella sceneggiatura per capirne il significato, inventate per ciascuna un altro possibile contesto d'uso (indicando chi parla, a chi, dove, quando e perché):

    - non sapeva dove mettere le mani
    - l'avevo messo in conto
    - s'informa dei miei passi attraverso di Lei?

d. • Quali sono gli ingredienti di base della "pasta con i broccoli"? Cercateli nella sceneggiatura e scrivete una possibile ricetta (aiutandovi, se potete, con un libro di cucina italiana).

e. •• Siete d'accordo che i magistrati che indagano su casi scottanti (come i crimini di mafia) siano protetti da una scorta? Esponete ai vostri compagni i pro e i contro.

f. •• Preparatevi a parlare davanti ai vostri compagni sul fenomeno della mafia. Costruite una scaletta con i dati che esporrete oralmente, cercando di illustrare i seguenti punti:

    origini della mafia,   diffusione,   conseguenze sociali e economiche,   omertà,
    attentati,   corruzione,   coperture politiche,   recente fenomeno del "pentitismo".

capitolo 12

LA SCORTA, di *Ricky Tognazzi*

5 Spunti per la riflessione

- varietà siciliana, calabrese, romana
- italiano parlato di registro informale
- esprimere desiderio, esprimere dispiacere, narrare fatti passati, invitare a fare
- futuro nel passato, "vorrei che" + congiuntivo
- lessico della legge, delle armi
- ricette di cucina
- mafia (attentati, corruzione, coperture politiche, pentiti)
- magistratura, pretura, Polizia/Carabinieri
- scorta ai magistrati
- Trapani

6 E adesso guardiamo tutto il film!

- Se avete la possibilità di vedere il film per intero, trovate la risposta alle seguenti domande:
- Angelo Mandolesi all'inizio del film è pieno di rabbia perché era amico di un membro della scorta, ucciso nell'attentato al giudice Rizzo: di chi sospetta all'interno della Procura?
- De Francesco comincia a indagare sulla vendita di acqua proveniente da pozzi pubblici: come reagiscono i giornali e che tipo di minacce riceve?
- I membri della scorta scoprono che Scavone, il viceprefetto, era d'accordo con la mafia: con quali mezzi trovano le prove di questo fatto?
- Perché Raffaele non vuole sposare la ragazza della pasticceria?
- Il personale della Procura, raccolto in assemblea, accusa De Francesco di avere espresso un sospetto infamante nei loro confronti: quale?
- Perché Andrea corre a scuola dai suoi bambini?
- A chi era indirizzato l'attentato all'auto in cui muore Raffaele?
- Uno degli assassini del giudice Rizzo e della scorta, per paura di essere ucciso dai complici e per ricevere protezione dalla polizia, va dal procuratore e fa il nome della copertura politica della mafia, accusando l'onorevole Bonura: come si definisce legalmente una persona che si comporta così?
- De Francesco può incriminare Bonura nell'ambito dell'inchiesta sulla diga, ma non per l'omicidio del giudice Rizzo: chi può farlo invece?
- L'onorevole Bonura e un agente della sua scorta vengono uccisi: da chi e perché?
- Quali motivi porta il presidente Caruso per chiedere il trasferimento di De Francesco in altra sede?
- Riepilogate le informazioni che avete trovato nel film sui 4 membri della scorta (famiglia, carattere, storia personale).

capitolo
13

VERSO SUD
di *Pasquale Pozzessere*

capitolo 13

VERSO SUD, di *Pasquale Pozzessere*

Biofilmografia

Regista: Pasquale Pozzessere
Nato a Lizzano (Taranto) nel 1957. Ha conseguito la maturità scientifica. Dopo aver interrotto gli studi di medicina, ha cominciato a lavorare nel cinema come assistente alla regia per Pupi Avati.
Successivamente ha lavorato, sempre come aiuto regista, con Francesco Maselli per *Codice privato*, *Il segreto* e *L'alba*.
Ha realizzato inoltre due documentari (*Altre voci* e *Le sirene di carta*) e collaborato a produzioni televisive.
Nel 1991 ha costituito la società di produzione "DEMIAN FILM" con la quale ha prodotto il suo primo lungometraggio *Verso Sud* (1992). Altro suo film *Padre e figlio* (1996).

Film

VERSO SUD (1992)
In una mensa per poveri Paola, uscita da poco di prigione, incontra Eugenio, giovane ladro. Entrambi soli - Paola ha un figlio di 14 mesi affidato ad un istituto di accoglienza minorile - decidono di andare a vivere insieme. Le difficoltà di trovare lavoro sono enormi e inoltre vivono in una casa non terminata. Un giorno Paola rapisce il figlio. Per paura, decidono di fuggire a Taranto dove c'è un amico di Eugenio che potrà aiutarli. Ma l'aiuto sarà rapinare un supermercato. Colpito da un proiettile Eugenio muore sulla strada che doveva condurlo verso la salvezza. A Paola non rimane che fuggire. Andrà in Grecia col bambino

Cast

Regia: Pasquale Pozzessere
Assistente alla regia: Giovanni Vaccarelli
Aiuto regista: Alessandra Assunta
Soggetto e sceneggiatura: Pasquale Pozzessere
Interpreti: Antonella Ponziani, Pierfrancesco Pergoli, Stefano Dionisi, Tito Schipa Jr., Lucio Zagaria, Irene Grazioli, Luciano Curreli, Luigi Santamaria
Fotografia: Bruno Cascio
Scenografia: Cinzia Di Mauro

Costumi: Annarita Piergotti
Montaggio: Carlo Valerio
Musiche: Domenico Scuteri, Corrado Rizza, Edizioni Musicali
Organizzazione della produzione: Luigi Lagrasta
Direttore di produzione: Gianluca Chiaretti
Produzione: Pasquale Pozzessere per Demian Film, Ministero del Turismo e Spettacolo Regione Puglia
Durata: 88 minuti

VERSO SUD, di *Pasquale Pozzessere*

13
capitolo

Commento

È un film girato con pochi mezzi e ottimi risultati, *Verso sud* di Pasquale Pozzessere, che riesce a superare le trappole del neorealismo, del cinema-verità, e del confronto con il maestro Pasolini, mostrandoci il mondo di giovani sbandati attratti dalla Roma odierna, ben diversa da quella di *Ragazzi di vita*.

Sono scomparse le borgate, in cui esisteva una rete di rapporti sociali e familiari ben definita, e non esiste neppure un confronto sociale, tra diseredati e coloro che stanno meglio. I personaggi di Pozzessere vagano intorno alla Stazione Termini, drogati, alcolizzati, piccoli delinquenti, profughi illegali, prostitute, troppo disperati per poter avere un'ideale che non sia la sopravvivenza giorno dopo giorno. L'amore nasce come un'alleanza, un patto tra un giovane e una ragazza per poter "guadare il fiume", trovarsi sull'altra sponda tra quelli che possono non avere paura del domani. Lei, uscita dal carcere, teme che le venga sottratto il figlio e insieme con il compagno decide di fuggire dalla metropoli, verso sud. Un amico ha detto che in Grecia è possibile trovare lavoro, ma la fuga finirà a Bari, prima dell'imbarco. Il ragazzo viene ucciso, il corpo rimane al bordo della strada, mentre la compagna può sperare di raggiungere il traghetto. Ma ci riuscirà? Pozzessere ha un stile asciutto e non cede mai al melodramma. La sua denuncia è nelle immagini, senza mai una parola o un effetto di troppo.

Roberto Giardina

Dialogo

I scena (1:45)
Mensa per poveri - Interno

Eugenio, giovane disoccupato, si siede di fronte a un vecchio che lo guarda e poi si alza e va via. Al suo posto viene a sedersi una bella ragazza che mangia con voracità.

PAOLA Non lo mangi quel pollo?

EUGENIO No, se vuoi lo puoi prendere. Se vuoi, pure le patate.

PAOLA Oh, grazie. Eh... (*presentandosi*) Paola.

EUGENIO Io, Eugenio. Ammazza che fame che c'hai, oh!

PAOLA Che le rivuoi?

EUGENIO No. Ma tu non sei di Roma?

PAOLA No, so' di Terni. Però è parecchio che sto a Roma. Tu sei di Roma?

EUGENIO No, io so' di Latina, Pure è da tanto che so' a Roma, però.

II scena (2:00)
Stazione ferroviaria - Esterno

VERSO SUD, di *Pasquale Pozzessere*

PAOLA Mi <u>so'</u> fatta due mesi di carcere <u>pe'</u> <u>'na</u> stupidaggine. Non è che <u>so'</u> stata male dentro, anzi, mi sono pure riposata. Io <u>so'</u> due giorni che <u>so'</u> uscita, non capivo niente.
EUGENIO Non <u>c'hai</u> nessuno qua a Roma, <u>'n</u> amico, un parente?
PAOLA Ma che parente! Io <u>so'</u> cresciuta in orfanotrofio. <u>So'</u> stata lì fino a cinque anni, poi m'ha adottata <u>'na</u> famiglia, però io non andavo <u>pe'</u> niente d'accordo con mia madre, per cui verso i quattordici anni <u>so'</u> scappata. Ogni tanto tornavo per chiedere qualche soldo a mio padre. Poi, quando è morto pure lui, non m'hanno più visto.
EUGENIO E <u>tu'</u> madre? Quella vera, dico, non sai dove sta?
PAOLA Sì, mi piacerebbe andarci a <u>parla'</u> con <u>mi'</u> madre. So pure dove abita. Lei sta in una baracca con tutti i miei fratelli. <u>C'ho</u> quattordici fratelli, io. Vorrei chiedere un sacco di cose a mia madre. Non ho mai capito perché proprio a me mi ha mandato all'orfanotrofio. Chissà che <u>gli</u> ho fatto. Vabbè, comunque.
EUGENIO Mia madre dovrebbe <u>sta'</u> in Germania, adesso. Io <u>c'ho</u> venticinque anni, <u>so'</u> ventidue anni che non la vedo. Se n'è andata via con un altro uomo. C'ha lasciato a me e altri due fratelli. Ha fatto bene. Però, quel bastardo di <u>mi'</u> padre mi sa che la mandava a <u>batte'</u>. Poi, m'ha messo in un istituto ma <u>so'</u> scappato. Ho fatto dentro e fuori dal carcere per quindici anni.

III scena (1:40)
Bar - Interno giorno

Paola e Eugenio entrano in un bar a far colazione.
PAOLA Buongiorno! Ci fa due cappuccini?
CAMERIERE Eh, va bene!
PAOLA (*Rivolta ad Eugenio*) Volevi il cappuccino, no? Siediti che te lo porto io, va'...
Quanto zucchero vuoi?
EUGENIO Uno.
Paola si siede di fronte ad Eugenio. Si sorridono, si guardano negli occhi. Ridono felici. Bevono il cappuccino.
PAOLA Tu che fai oggi?
EUGENIO Oggi, <u>c'ho</u> un appuntamento di lavoro con un amico mio. Devo <u>anda'</u> a <u>vede'</u> delle cose.
PAOLA Anch'io ho da fare, oggi. Ci vediamo, ci vediamo alla mensa, no?
EUGENIO Stasera alle otto, alla mensa.
Paola ed Eugenio ridono, si baciano.
PAOLA Offro io. Quant'è?
CAMERIERE Quattromila.
PAOLA Ho 3.500.
CAMERIERE E vabbè, è uguale.

IV scena (1:55)
Chiesa - Esterno giorno

Eugenio aspetta fuori della chiesa il prete per parlargli e chiedere un lavoro.
PRETE Buongiorno. Ah, guarda chi c'è!
EUGENIO Buongiorno. Mi chiamo Eugenio.
PRETE Buongiorno, Eugenio. Come va?

VERSO SUD, di *Pasquale Pozzessere*

EUGENIO Per certe cose non mi posso lamentare. Eh, certo quando ieri mi ha pizzicato dentro io non sono andato più a ruba'. Non posso bere perché so' pure agitato. Per fortuna che ieri ho incontrato una ragazza. Si chiama Paola, è bella, gli voglio bene a lei.

PRETE Lo vedi. Guarda Eugenio che quando uno vuole una cosa sul serio non c'è verso: prima o poi la ottiene. Credimi.

EUGENIO Ma io non voglio mollare adesso. Io adesso mi sento forte di questo.

PRETE Ecco. E allora, il problema?

EUGENIO Padre, è che io non c'ho nessuno qua a Roma. Non c'ho nessuno a cui chiedere 'na mano, un lavoro. E se mi voglio mette' a posto, adesso c'ho bisogno di lavora'.

PRETE Lavoro? Lo chiedi a me? Tu chiedi a me del lavoro? E io che posso fare? Tra l'altro a me mi mandano via adesso. Vedi, io non sono di qua io ho una congregazione che sta a Torino. E devo tornare su. Questo è il problema. Però, però qualcosa forse c'è. C'è un uomo, un uomo che si chiama Antonio e che ha un furgoncino che fa dei trasporti, delle pulizie. E proprio l'altro giorno mi chiedeva se conoscevo qualcuno che lo potrebbe aiutare.

Eh, se fossi tu?

13 capitolo

VERSO SUD, di *Pasquale Pozzessere*

ATTIVITÀ DIDATTICHE

Durata della sequenza: I scena 1:45 - II scena 2:00 - III scena 1:40 - IV scena 1:55
Personaggi: Paola (forte accento romano), Eugenio (forte accento romano),
cameriere (italiano standard), prete (italiano standard)
Relazione sonoro/immagini: parallela, complementare
Difficoltà di comprensione: ✱✱

1 Motivazione

a. • Se pensate al problema della disoccupazione oggi nel vostro paese e/o in Italia, quali sono le prime "categorie a rischio" che vi vengono in mente? Individuatene alcune e spiegate:
  - i motivi per cui queste persone hanno difficoltà a trovare lavoro o rischiano più di altri di perderlo,
  - le possibili soluzioni al problema.

b. • Quali tipi di "mensa" conoscete (nel vostro Paese e/o in Italia)? Descrivetene:
  - le caratteristiche spaziali (dove si trovano, che tipo di locali le ospitano, l'arredamento, ecc.)
  - le caratteristiche temporali (a che ora sono aperte, per quanto tempo),
  - chi le frequenta e perché,
  - i prezzi e il cibo che offrono.

c. • La microcriminalità delle grandi città nel vostro Paese e/o in Italia: quali ne sono le cause e che tipo di interventi esistono per arginare il fenomeno?

2 Globalità

a. • Guardate la I scena e decidete quali fra queste affermazioni sono giuste:

   Eugenio è ❏ di Terni ❏ di Latina ❏ di Roma
   Paola abita da molto ❏ a Terni ❏ a Latina ❏ a Roma

b. • Guardate la II scena e decidete quali fra queste affermazioni sono giuste:

   Paola è stata in prigione ❏ due mesi ❏ spesso ❏ due volte
   Paola è cresciuta ❏ con i nonni ❏ in famiglia ❏ in una famiglia adottiva
   La madre di Paola ora vive ❏ in Germania ❏ in prigione ❏ in una baracca

c. • Guardate la III scena e decidete quali fra queste affermazioni sono giuste:

   Eugenio dice che ❏ ha la giornata libera ❏ ha un appuntamento ❏ deve lavorare

144

VERSO SUD, di *Pasquale Pozzessere*

Paola gli dà appuntamento ☐ a mensa ☐ a casa ☐ in treno

d. • Guardate la IV scena e decidete quali fra queste affermazioni sono giuste:

Eugenio dice al prete che ha smesso di ☐ lavorare ☐ rubare ☐ drogarsi

Il prete propone a Eugenio ☐ un viaggio ☐ un aiuto economico ☐ un lavoro

3 Analisi

a. • Cercate nel testo tutte le frasi che hanno come obiettivo funzionale quello di "chiedere per sapere".

b. • Quali fra queste frasi usa Paola per chiedere un cappuccino al bar? Rileggete la sceneggiatura per controllare la vostra risposta.

☐ Può farci due cappuccini? ☐ Due cappuccini!
☐ Ci faccia due cappuccini.   ☐ Volevo due cappuccini.
☐ Vorremmo due cappuccini.   ☐ Potrebbe farci due cappuccini?
☐ Ci fa due cappuccini?   ☐ Le dispiacerebbe farci due cappuccini?
☐ Se non le dispiace, vorrei due cappuccini.

c. • Cercate nella sceneggiatura della II scena le informazioni sul passato di Paola e Eugenio, completando questa tabella:

	ETA'	INFANZIA	ADOLESCENZA	FAMIGLIA DI ORIGINE
Paola				
Eugenio				

145

VERSO SUD, di *Pasquale Pozzessere*

d. • Completate queste frasi inserendo i verbi nella forma che vi sembra più giusta. Cercate poi nella sceneggiatura le frasi usate dai protagonisti e confrontatele con le vostre, valutando le possibili diversità:

chiedere *potere* *conoscere*	Un uomo che ha un furgoncino, proprio l'altro giorno mi _____ se _____ qualcuno che lo _____ aiutare.
dovere	Non so dov'è mia madre adesso, _____ stare in Germania.
piacere *volere*	Io so dove sta mia madre. Mi _____ incontrarla, _____ chiederle un sacco di cose.

4 Sintesi

a. • Ricostruite un dialogo fra un ragazzo e una ragazza che si incontrano ad una mensa universitaria e che fanno amicizia, rispettando questi punti:

- *Lui chiede a lei se il contorno è buono*
- *Lei offre a lui il suo contorno*
- *Lui chiede a lei da dove viene*
- *Lei gli risponde e chiede a lui da dove viene e quale facoltà frequenta*
- *Lui le risponde e le chiede come si chiama*
- *Lei gli risponde e gli chiede come si chiama*
- *Lui le risponde e la invita ad andare insieme a sentire un concerto*
- *Lei accetta*
- *Lui le dà un appuntamento (luogo e ora)*

b. • Quando si vuole "chiedere per avere" si possono usare varie espressioni, secondo il grado di formalità che esiste fra gli interlocutori e secondo il grado di gentilezza con cui si vuole spingere l'altro a fare qualcosa. Immaginate almeno quattro modi possibili per chiedere qualcosa da mangiare al bar, dal più diretto (e poco cortese) al meno diretto (e più gentile), e inseriteli in questa tabella:

VERSO SUD, di *Pasquale Pozzessere*

13 capitolo

+ diretto			- diretto

c. •• Paola dice "Mi sono fatta due mesi di carcere per una stupidaggine". Discutete con un compagno su quali potrebbero essere i motivi per cui è andata in prigione.

d. •• Il prete dice a Eugenio: "Quando uno vuole una cosa sul serio, non c'è verso: prima o poi la ottiene.": Siete d'accordo con questa affermazione? Esponete a un compagno e poi davanti alla classe la vostra opinione, portando prove e esempi a sostegno della vostra tesi.

e. •• Descrivete a un compagno la vostra famiglia e il modo e i luoghi in cui avete trascorso la vostra infanzia e la vostra adolescenza.

f. • Scrivete un breve dialogo che potrebbe svolgersi fra Paola e sua madre (o fra Eugenio e sua madre), se si incontrassero.

5 Spunti per la riflessione

- varietà romana
- italiano parlato di registro informale, italiano colloquiale
- presentarsi, chiedere per sapere, chiedere per avere, narrare fatti passati
- presente indicativo, passato prossimo, condizionale
- lessico relativo al lavoro, alla criminalità, alla famiglia
- disoccupazione, emigrazione, criminalità, emarginazione
- disgregazione familiare, figli abbandonati, ragazze-madri, orfanotrofi
- mense per i poveri, Caritas, volontariato, centri di prima accoglienza
- cappuccino, colazione al bar
- Roma, Terni, Latina

capitolo 13

VERSO SUD, di *Pasquale Pozzessere*

6 E adesso guardiamo tutto il film!

- Se avete la possibilità di vedere il film per intero, trovate la risposta alle seguenti domande:
- Paola e Eugenio sono senza lavoro e senza casa: con quali mezzi sopravvivono? Dove trovano da dormire e da mangiare?
- Con quali parole il prete convince Eugenio a non rubare più?
- Che tipo di droga prendeva Eugenio prima di incontrare Paola?
- Eugenio va a chiedere lavoro in un ristorante: come lo accolgono?
- Paola risponde per telefono a un annuncio economico: quali requisiti le mancano per poter ottenere quel lavoro?
- Che lavoro trova Eugenio?
- Paola e Eugenio come riescono a trovare un appartamento in cui vivere? Come lo arredano?
- Perché Paola decide di rapire il figlio? In che modo ci riesce?
- Cosa spinge Paola e Eugenio ad andare in Puglia?
- Durante il viaggio verso la Puglia fermano la macchina vicino ad una grande pianura, dove Eugenio legge una iscrizione: che cosa ricorda?
- Eugenio decide di fare una rapina, seguendo il consiglio dell'amico che lavora alle giostre: a cosa gli sarebbero serviti i soldi?
- Qual è un messaggio positivo del film?

capitolo
14

LADRI DI SAPONETTE
di *Maurizio Nichetti*

capitolo 14

LADRI DI SAPONETTE, di *Maurizio Nichetti*

Biofilmografia

Regista: Maurizio Nichetti
Nato a Milano nel 1948. Attore, sceneggiatore, regista pubblicitario. Nel 1978 esordisce con un mediometraggio di 16 mm *Magic Show*. Altre regie: *Ratataplan* (1979), *Ho fatto splash* (1980), *Domani si balla* (1981), *Ladri di saponette* (1989), *Volere volare* (1991), *Stefano quante storie* (1993). Come attore ha interpretato: *I paladini* (Battiato), *Bertoldo, Bertoldino e Cacasenna* (Monicelli), *Sogni e bisogni* (Citti).

Film

LADRI DI SAPONETTE (1989)
Il regista Maurizio Nichetti va in TV a presentare il suo film: *Ladri di saponette* il cui protagonista è Antonio Piermattei, un disoccupato con moglie e due figli a carico. Il racconto si snoda attraverso le varie avventure del protagonista e, secondo le intenzioni del regista, dovrebbe sfociare in un finale tragico, invece in TV finisce nello spazio riservato alla pubblicità. Così tra una scena e l'altra la trama del film viene ribaltata. Non si tratta tuttavia della parodia di *Ladri di biciclette*, ma di un atto di amore verso il cinema realista italiano che attraverso echi, citazioni, rimandi e sovrapposizioni di piani di realtà e di immagini spiega il passato e interpreta il presente.

Cast

Regia: Maurizio Nichetti
Aiuto regista: Laura Zagorbi
Soggetto: Maurizio Nichetti
Sceneggiatura: Mauro Monti, Maurizio Nichetti
Interpreti: Maurizio Nichetti, Caterina Sylos Labini, Federico Rizzo, Heidi Komarek, Renato Scarpa
Fotografia: Mario Battistoni
Scenografia: Ada Legori
Costumi: Maria Pia Angelini
Montaggio: Rita Rossi, Anna Missoni
Musiche: Manuel De Sica
Organizzatore generale: Mario Maronati
Produzione: Ernesto di Sarro per Bambu in collaborazione con Rete Italia
Durata: 76 minuti

LADRI DI SAPONETTE, di *Maurizio Nichetti*

capitolo 14

Commento

Lo sguardo di Maurizio Nichetti che narra il mondo del cinema, della TV e della pubblicità, è uno sguardo attento, curioso e ironico. Il percorso del regista che si reca in TV per visionare il film è il percorso dello stesso Nichetti, passato attraverso la regia pubblicitaria, che non può raccontare qualcosa di nuovo senza trovare riferimenti nel passato e trovare nuovi modi per farlo. Con divertimento, fantasia e tenerezza Maurizio Nichetti racconta, inventa situazioni irreali, sovrappone piani di realtà che non danno però nel complesso il risultato voluto, ma forse il suo *Ladri di saponette* si fa portatore solo di un omaggio al cinema inteso come fattore primario di fantasia. Che è già un merito speciale.

Marcella Continanza

Dialogo

I scena a. (1:30)
Fabbrica - Esterno giorno

Antonio Piermattei attende di essere chiamato per lavoro.

CAPOFABBRICA Caruso Nicola.... Piermattei, Piermattei, Antonio Piermattei.

COMPAGNO DI LAVORO Antonio, ti chiamano.

ANTONIO Sono Piermattei.

CAPOFABBRICA Mi spiace, sei il primo dei non assunti.

ANTONIO Anche stamattina?

CAPOFABBRICA Eh! Io cosa posso farci? A me danno i nomi da leggere, non è colpa mia se non c'è lavoro.

VOCE CORALE DI OPERAI No, è colpa nostra allora?

OPERAIO Tu che fai?

ALTRO OPERAIO Che faccio? Vado a casa.

OPERAIO Senti ho sentito che al cantiere Salani cercano gente.

Antonio girovaga per le strade in cerca di lavoro. In un locale un trio di ragazze canta "Maramao perché sei morto?".

I scena b. (4:00)
Sulle scale

ANTONIO Cos'hai comprato da mangiare oggi?

MARIA Quello che ho potuto Antò! Bruno, cerca le chiavi a mamma! Ma che hai fatto la frittata? Io, due uova avevo comprato.

BRUNO Ma se erano già rotte.

ANTONIO Sali, sali, tu e le uova rotte. Cammina.

capitolo 14

LADRI DI SAPONETTE, di *Maurizio Nichetti*

MARIA Bravo Bruno, apri la porta, dai! Bruno, per piacere, lava il cavolo alla mamma, vedi come sto inguaiata, dai.

ANTONIO Dai Bruno, lascia stare la bicicletta. Vai in cucina!

MARIA Sti campanelli non li puoi fare dopo mangiato?

(Ad Antonio) Che c'è Antonio, sei stanco?

ANTONIO Sono stanco di mangiare cavoli.

MARIA Ah! Allora se sei stanco di mangiare cavoli vattene in trattoria, perché qua non si può scegliere.

ANTONIO Lo so, lo so che non si può scegliere. Ma 'sto cavolo me lo puoi far trovare pronto in tavola, magari cucinato, eh? Io sto in giro tutto il giorno per cercare lavoro e torno a casa la sera e trovo tutto in disordine. Non è possibile passare la giornata in questa maniera perché lei vuole andare a fare il teatro, vuole cantare; io ho una moglie che vuol far l'artista. Maria, Maria vuoi mettere la testa a posto, o no? Lo sai, che con le canzonette non si mangia.

MARIA Perché qua si mangia con quello che guadagni tu eh? Sentiamo cosa ti hanno dato oggi? E ieri e avanti ieri? E il mese passato quanto ti hanno dato? Quant'è che non porti a casa una giornata, eh? Antò?

ANTONIO Io tutte le mattine alle sei, tutte le mattine vado al cantiere e se non c'è lavoro non è colpa mia.

MARIA Se eri più furbo il lavoro lo tenevi, come Appenali.

ANTONIO Ma quello ha fatto la borsa nera, è un delinquente, ha fatto la borsa nera.

MARIA Però non si mangia i cavoli.

ANTONIO Sta' zitta davanti ai bambini. Davanti ai bambini non dire queste cose, se no m'arrabbio.

MARIA Sai cosa sei tu? Tu ti zei un bel biot, come dite voi al Nord!

ANTONIO Piantala Maria, piantala, se no mi arrabbio.

MARIA Arrabbiati, arrabbiati, fatti conoscere da tutti quanti.

ANTONIO E non sbattere la porta.

MARIA Io la sbatto quanto mi pare.

Interruzione pubblicitaria.

II scena (0:37)
Appartamento - Interno

Una donna incinta scende le scale.

DONNA Francesco, Francesco non mi far ripetere le cose diecimila volte, ma vai a letto. Guarda Anna che sta già dormendo. Sempre con quelle costruzioni. Ma è una mania la tua.

La TV trasmette pubblicità. La donna si siede sul divano.

VOCE DALLA TV Ho fatto splash! Ho fatto splash!.

DONNA Ancora questa pubblicità dello Splash. Ah! Massimo, quanti anni è che esiste? Ah, otto tutti, sì perché non eravamo ancora sposati e vivevo con l'Angela e la Luisa, anzi voglio telefonarle uno di questi giorni. Oh, Massimo sai che è da ieri che non lo sento. Ciccino. Adesso sto pure un po' seduta davanti alla televisione, che di solito scalcia subito.

LADRI DI SAPONETTE, di *Maurizio Nichetti*

III scena (1:25)
Nello studio televisivo.

PRIMA DONNA Eh, abbiamo i pantaloni del regista.
ALTRA DONNA E lui dov'è?
PRIMA DONNA In mutande là fuori.
ALTRA DONNA Eh, ma bisognerà recuperargli qualcosa.
PRIMA DONNA Devo avere dei vestiti in sartoria.
Le donne toccano la stoffa dei pantaloni di Nichetti.
PRIMA DONNA Robetta, sì eh?
VOCE FUORI CAMPO Allora vogliamo abbassare l'audio dei monitor in studio? Pronti. Vai con Melville.
CRITICO "L'armée des ombres", che in italiano si chiama "L'armata degli eroi", è un film del 1949. Il regista lo diresse quattro anni prima di morire.
ASSISTENTE DI STUDIO (*Rivolto a Nichetti*) Non si preoccupi, la nostra sarta fa miracoli. Prima che sia finito il film riavrà i suoi vestiti come nuovi.
NICHETTI Mi scusi, io il film avrei voluto vederlo, sa, per controllare.
ASSISTENTE DI STUDIO Ma tanto, adesso che c'è la pubblicità...
NICHETTI Appunto, è quella che voglio controllare!
CRITICO Beneris e Simone Signoret sono al centro del film. Un grande esempio di come si possa ... riandare alla storia del proprio Paese senza retorica ma con il coraggio delle proprie passioni.
Questo è Jean Pierre Melville... e questo è un grande regista.
ASSISTENTE DI STUDIO Ah! ma guardi non sta neanche male così, sa. Senta, se ci spicciamo riusciamo a vedere ancora un pezzettino del film. Venga con me, mi segua. Oh! Salve, andiamo in studio, mi segua. Attento al cavo.
NICHETTI Qui c'è ancora la pubblicità.
ASSISTENTE DI STUDIO Sì, sì ma finisce subito.

capitolo 14

LADRI DI SAPONETTE, di *Maurizio Nichetti*

ATTIVITÀ DIDATTICHE

Durata della sequenza: I scena a 1:30 - I scena b 4:00 - II scena 1:30 - III scena 1:25
Personaggi: capofabbrica (italiano standard), Antonio (varietà settentrionale), Maria (varietà meridionale), donna nell'appartamento (varietà settentrionale), donne nello studio televisivo, assistente in studio, voce del regista fuori campo (italiano standard)
Relazione sonoro/immagini: complementare, parallela
Difficoltà di comprensione: ✳✳

1 Motivazione

a. •• Avete mai letto qualche romanzo o visto qualche film sull'Italia degli anni Quaranta? Discutetene con i vostri compagni.

b. • Nei paesi colpiti dalla Seconda Guerra Mondiale quali effetti aveva avuto la guerra nella vita della gente?

c. •• Siete a favore o contro la pubblicità in televisione? Spiegate la vostra opinione ai vostri compagni.

2 Globalità

Il film si articola su tre livelli, di cui vedremo ora una scena ciascuno:
- il film, in bianco e nero, ambientato nell'Italia degli anni Quaranta (trama che riprende il film neorealista *Ladri di biciclette* di Vittorio De Sica),
- l'appartamento della famiglia che guarda il film e che vede anche la pubblicità che lo interrompe,
- lo studio televisivo, che trasmette il film nell'ambito di un programma presentato da un critico cinematografico.

a. • Decidete, in base al contenuto di ogni scena, se queste affermazioni sono vere o false:

		VERO	FALSO
I scena:	Antonio ha trovato lavoro in un cantiere	❏	❏
	Antonio non sopporta di mangiare sempre cavolo	❏	❏
	Bruno ama giocare con i campanelli	❏	❏
II scena:	La donna e l'uomo in salotto sono sposati da meno di 6 anni	❏	❏
	Prima di sposarsi la donna viveva con due amiche	❏	❏

LADRI DI SAPONETTE, di *Maurizio Nichetti*

14 *capitolo*

	VERO	FALSO
La donna aspetta un bambino	☐	☐
III scena: L'uomo in mutande è un regista	☐	☐
Il critico parla male del film di Melville	☐	☐

3 Analisi

a. Nella I scena Antonio e Maria litigano: talvolta uno accusa e l'altro controbatte con una giustificazione o una controaccusa. Dopo avere riletto la sceneggiatura, inserite le tre risposte dopo le accuse corrispondenti.

Se non c'è lavoro non è colpa mia!
Allora vai in trattoria!
Ma quello è un delinquente!

Accuse del marito	Giustificazioni / controaccuse della moglie
Sono stanco di mangiare cavoli!	
Almeno cucina il cavolo in qualche modo!	
Torno a casa la sera e trovo tutto in disordine!	
Ho una moglie che vuole fare l'artista!	

Accuse della moglie	Giustificazioni / controaccuse del marito
Quant'è che non porti a casa una giornata?	
Se eri più furbo il lavoro lo tenevi, come Appenali.	

LADRI DI SAPONETTE, di *Maurizio Nichetti*

b. • Cercate nelle tre scene tutti i verbi all'imperativo e scriveteli in una tabella, aggiungendo (quando è possibile) le forme negative, se si tratta di imperativi in forma affermativa, e viceversa, secondo questi esempi:

IMPERATIVO (forma affermativa)	IMPERATIVO (forma negativa)
Cerca! Fammi ripetere!	Non cercare! Non mi far ripetere!/ Non farmi ripetere!

c. • Nel dialogo un personaggio usa una frase con un periodo ipotetico semplificato all'imperfetto: cercatela, fra queste frasi di registro più formale, e riscrivetela sotto a quella giusta:

❑ se non fossi andata a cantare, avresti potuto far trovare pronto in tavola
❑ se ci fossimo spicciati, saremmo riusciti a vedere ancora un pezzettino di film
❑ se non sbattessi la porta, io non mi arrabbierei
❑ se non fossimo stati sposati, sarei vissuta ancora con l'Angela e la Luisa
❑ se fossi stato più furbo, il lavoro lo avresti tenuto
❑ se avessi visto il film, avrei potuto controllare

d. • Cercate nella sceneggiatura tutti i vocaboli che appartengono alle aree semantiche del lavoro, del cibo e della televisione. Inserite poi le parole che avete trovato in questo schema:

LAVORO	CIBO	TELEVISIONE

4 Sintesi

a. •• Lavoro a coppie: immaginate di recitare, con parole vostre, una discussione fra Antonio e Maria a proposito non solo del lavoro e dei soldi, ma anche del carattere dell'uno e dell'altra.

b. • "Con le canzonette non si mangia" dice Antonio alla moglie che vuole fare la cantante. Lo direbbe anche nell'Italia di oggi? Fate degli esempi a sostegno della vostra risposta.

LADRI DI SAPONETTE, di *Maurizio Nichetti*

c. • Cercate, ripensando al confronto fra la I scena e le altre, alcune differenze fra l'Italia povera degli anni Quaranta (disoccupazione, lavoro minorile, canzoni, abitazioni, abiti, cibi, ecc.) e l'Italia consumista di oggi, e scrivete un vostro commento.

d. •• Elencate in una scaletta i vantaggi e gli svantaggi delle interruzioni pubblicitarie dei film trasmessi in televisione. Decidete l'opinione che volete appoggiare e sostenetela poi davanti al resto della classe.

e. • Preparate un monologo scritto, da leggere ad alta voce, immaginando di essere un critico cinematografico che deve presentare in televisione il film *Ladri di saponette*.

5 Spunti per la riflessione

- varietà settentrionali, meridionali
- italiano parlato di registro informale, italiano colloquiale
- chiedere per sapere, accusare, giustificarsi, controaccusare, ordinare di fare, ordinare di non fare
- imperativo formale e informale, imperativo negativo, periodo ipotetico semplificato con l'imperfetto
- lessico del lavoro, del cibo, della televisione, del cinema
- Italia del II Dopoguerra: borsa nera, disoccupazione, lavoro minorile, canzoni del Trio Lescano (*Maramao perché sei morto*)
- Italia povera degli anni Quaranta, Italia consumista di oggi
- cinema in televisione, interruzioni pubblicitarie
- cinema neorealista italiano (*Ladri di biciclette* di Vittorio De Sica)
- Jean Melville (regista francese degli anni Quaranta)

6 E adesso guardiamo tutto il film!

• Se avete la possibilità di vedere il film per intero, trovate la risposta alle seguenti domande:
- Il critico cinematografico in studio dice che il film di Nichetti è una parodia o un atto di amore verso il cinema neorealista?
- La famiglia che guarda la TV rappresenta uno stereotipo di famiglia teledipendente: descrivete il padre, la madre e il figlio.
- Quanto guadagnerà al mese Antonio nella fabbrica di lampadari?
- Perché Antonio ruba il lampadario?
- Chi è la ragazza che Antonio salva dal fiume?
- Maria scompare nel fiume: dove è finita in realtà?
- Spesso don Italo interpreta male fatti e discorsi: trovate degli esempi nel film.
- Quale doveva essere la trama originale del film, secondo il regista Nichetti?
- Perché Nichetti entra nel suo film?
- Quali sono gli aspetti più paradossali e comici del film?

VOCABOLARIO CINEMATOGRAFICO

Aiuto regista	Assistente del regista durante la lavorazione di un film.
Attore	Chi recita, interpreta una parte in un film.
Bobina	Il supporto su cui si avvolge la pellicola cinematografica.
Camera	Macchina da presa fotografica, cinematografica o televisiva.
Cameraman	Operatore incaricato della messa a punto e della manovra delle telecamere o di una cinepresa.
Campo	La parte della scena che entra nell'angolo di ripresa dell'obiettivo.
Campo lungo	Panorama o scena molto ampia.
Caratterista	Attore generico, non protagonista, che interpreta un ruolo tipico, prevalentemente comico, con tratti spiccati e vivaci.
Carrellata	Ripresa di una scena effettuata con la macchina da presa montata su un carrello, con spostamento in orizzontale della macchina rispetto ad un soggetto, seguendolo nei suoi movimenti.
Carrello	Veicolo a quattro ruote con piattaforma su cui si eleva una colonna di altezza regolabile alla quale è fissata la macchina da presa.
Cascatore	Chi sostituisce gli attori durante la ripresa cinematografica di scene pericolose.
Cast	Complesso degli attori partecipanti ad un film.
Ciak	Segno di inizio di una ripresa cinematografica prodotto battendo l'assicella contro la tavoletta.
Cine	Abbreviazione di cinematografo.
Cineamatore	Chi svolge attività di regia cinematografica da dilettante.
Cineasta	Chi si occupa di cinematografia da professionista.
Cinebox	Strumento simile al juke-box, munito di un apparecchio riproduttore di immagini che permette di accoppiare alla visione di un breve film l'ascolto di un brano musicale.
Cinecamera	Macchina da presa cinematografica.
Cinecittà	Grande complesso attrezzato per la produzione di film, sorto alla periferia di Roma nel 1937.

Cineclub	Associazione che si propone di diffondere la conoscenza dell'arte cinematografica.
Cinedilettante	Chi si occupa di cinematografia per diletto.
Cinedramma	Dramma scritto per il cinema o realizzato cinematograficamente.
Cinefilo	Amatore di cinema.
Cineforum	Serie di film appositamente proiettati per essere analizzati in un pubblico dibattito.
Cinegiornale	Breve film che presenta fatti d'attualità e di cronaca.
Cinelandia	Il mondo del cinematografo, degli attori cinematografici, considerato quasi come un paese fantastico.
Cinema	1 - Spettacolo consistente nella proiezione di immagini in movimento, inventato in Francia nel XIX secolo. 2 - Forma abbreviata ma più comune di cinematografo.
Cinema d'essai	Locale in cui si proiettano film di particolare valore artistico.
Cinema muto	Cinema privo di colonna sonora.
Cinema parlato	Cinema in cui le immagini si accompagnano ai dialoghi.
Cinemascope	Sistema di proiezione, su schermo più grande dell'ordinario, di riprese effettuate con speciali obiettivi che consentono l'inclusione di vaste scene nei fotogrammi.
Cinema sonoro	Cinema in cui le immagini sono sincronizzate ad una registrazione sonora.
Cinema-teatro	Sala cinematografica attrezzata anche per spettacoli teatrali.
Cinema tridimensionale	Sistema di ripresa e di proiezione mediante il quale si dà allo spettatore l'impressione di vedere le immagini in rilievo.
Cinematografare	Riprendere con la macchina da presa.
Cinematografaro	Chi si occupa di cinematografo come produttore, regista o tecnico; in particolare chi si dedica alla produzione di film di basso livello artistico e di facile successo commerciale.
Cinematografia	1 - Arte e tecnica del riprendere e proiettare, mediante appositi apparecchi, persone e cose in movimento. 2 - La produzione cinematografica nel suo complesso.

Cinematografico	Che si riferisce alla cinematografia.
Cinematografo	Locale adibito a proiezioni cinematografiche.
Cinemobile	Autobus attrezzato per la proiezione in varie località di film e documentari che favoriscono la diffusione della cultura.
Cineparcheggio	Cinema all'aperto in cui si assiste allo spettacolo rimanendo in automobile.
Cinepresa	Macchina per la ripresa di immagini cinematografiche a passo ridotto.
Cinerama	Sistema di ripresa cinematografica con tre apparecchi da angolazioni diverse e di proiezione delle tre pellicole su un solo schermo, con effetto tridimensionale.
Cineromanzo	Romanzo sceneggiato per il cinematografo.
Cineteca	Raccolta di pellicole cinematografiche catalogate cronologicamente a scopo di documentazione o di studio.
Colonna sonora	Parte della pellicola sulla quale viene registrato il complesso delle musiche, rumori, voci che formano il sonoro.
Comica	Cortometraggio di carattere comico, molto popolare ai tempi del cinema muto.
Controcampo	Inquadratura ripresa nella direzione opposta a quella da cui è stata compiuta l'inquadratura precedente.
Controfigura	Persona somigliante nel fisico ad un attore, incaricata di sostituirlo nelle scene pericolose, in quelle che richiedono un'abilità specifica che l'attore non possiede e nelle riprese da lontano.
Cortometraggio	Film di breve durata, generalmente di carattere documentario, pubblicitario o didattico.
Didascalia	Traduzione dei dialoghi di un film in una lingua diversa, proiettati in sovrimpressione.
Dissolvenza	Graduale scomparsa dell'immagine proiettata sullo schermo ottenuta con speciali accorgimenti.
Dissolvenza incrociata	Effetto che si ottiene accoppiando alla dissolvenza la graduale comparsa di un'altra immagine.
Diva	Attrice famosa e molto ammirata.

Divismo	Smodata infatuazione collettiva per gli attori.
Documentario	Film in genere di breve durata che rappresenta scene della vita reale a scopo informativo, didascalico o scientifico.
Documentarista	Regista di documentari.
Doppiaggio	Registrazione sulla pellicola di una nuova colonna sonora in cui i dialoghi di quella originale sono tradotti in un'altra lingua.
Doppiatore	Attore che presta la propria voce nel doppiaggio di un film.
Drive-in	Espressione inglese indicante il cinema all'aperto a cui si assiste rimanendo in automobile.
Esterni	Riprese girate all'aperto.
Film	Opera cinematografica, in genere, lungometraggio.
Filmare	Riprodurre in immagini cinematografiche.
Filmato	Documento visivo registrato con mezzi cinematografici, inserito al fine di documentazione in trasmissioni televisive, spettacoli teatrali, conferenze e simili.
Filmino	Serie di diapositive riprodotte su una pellicola, usate specialmente per proiezioni didascaliche.
Filmografia	Elenco dei film realizzati da un regista o da una casa produttrice.
Filmologia	Studio del film come prodotto dotato di una sua completa autonomia espressiva.
Flashback	Interruzione del racconto per rievocare episodi del passato.
Flou	Speciale effetto consistente nello sfumare i contorni di un'immagine per conferirle un alone incantato, un'atmosfera di sogno.
Fotogramma	Ognuna delle immagini "positivi o negativi" che fanno parte di una pellicola.
Fotorama	Apparecchio cinematografico in uso verso la fine del secolo scorso, per la proiezione di fotografie panoramiche.
Fuori campo	Tutto ciò che non è inquadrato nella scena.
Gag	Spunto o trovata comica per animare una scena.

Giraffa	Dispositivo a forma di piccola gru girevole, fornito di microfoni e di lampade per la registrazione dei suoni o per l'illuminazione, usato per riprese cinematografiche.
Inquadratura	Singola scena filmata senza interruzione da un determinato angolo di ripresa.
Interni	Scene girate in studio o locali chiusi.
Lungometraggio	Film della normale durata di oltre settanta minuti.
Macchina da presa	Cinepresa per filmare.
Maschera	Nelle sale cinematografiche persona che verifica i biglietti e accompagna lo spettatore al posto.
Missaggio o mixing	Fusione simultanea di rumori, musica e dialoghi.
Montaggio	Fase definitiva della preparazione di un film, in cui vengono scelte e collegate le singole parti in precedenza girate.
Montatore	Tecnico che, in collaborazione con il regista, si occupa del montaggio di un film.
Movimento di macchina	Spostamento della macchina da presa che permette di mutare inquadratura senza necessità del montaggio.
Moviola	Apparecchiatura che durante il montaggio permette di fermare o fare scorrere in avanti e indietro la pellicola alla velocità desiderata.
Panoramica	Ripresa di una scena, generalmente ampia, effettuata facendo ruotare gradualmente la macchina da presa sul suo asse orizzontale in modo da riprendere uno spazio che con la macchina ferma non sarebbe inquadrabile.
Passo	Distanza tra due fori consecutivi disposti ai lati della pellicola nei quali si inseriscono le griffe del rullo trascinatore.
Passo normale	Quello della pellicola di 35 mm di larghezza, usata per le riprese ordinarie.
Passo ridotto	Quello della pellicola di 16 mm di larghezza.
Pellicola	Nastro di celluloide rivestito di uno strato di emulsione sensibile alla luce, usato per registrare le immagini raccolte dalla cinepresa.
Perlinatura	Rivestimento degli schermi cinematografici con perline di vetro per aumentarne la riflessione e quindi la luminosità.

Primo piano	Inquadratura che comprende solo il volto di una persona o un oggetto ripreso da molto vicino.
Produttore	Chi fornisce i capitali necessari per la realizzazione di un film.
Proiettore	Macchina utilizzata per proiettare su uno schermo pellicole cinematografiche.
Provino	Breve film fatto per saggiare le capacità interpretative di un aspirante attore.
Regia	Direzione della lavorazione di un film.
Regista	Responsabile della direzione e del coordinamento di attore e tecnici durante la realizzazione di un film.
Ripresa	Operazione consistente nel riprendere la scena con la macchina da presa.
Scaletta	Elaborazione del soggetto di un film, contenente l'indicazione sommaria delle scene e degli ambienti.
Scena	Singola azione che si svolge durante una rappresentazione cinematografica.
Scenario	L'insieme delle strutture sceniche che raffigurano il luogo o l'ambiente in cui si svolge l'azione cinematografica.
Sceneggiare	Ridurre un soggetto narrativo in forma dialogata per un film.
Sceneggiatura	Copione di un film comprendente la suddivisione in scene, i dialoghi, l'indicazione degli ambienti e dei movimenti della macchina da presa.
Scenografia	1 - Arte e tecnica di disegnare le scene. 2 - Ambiente naturale o creato in studio in cui si svolgeranno le diverse azioni di un film.
Schermo	Riquadro di tela bianca sul quale vengono proiettate le immagini.
Sequenza	L'insieme di più inquadrature che si succedono nello stesso episodio.
Set	Luogo in cui vengono effettuate le riprese cinematografiche.
Sincronizzare	Procedimento con cui in un film vengono abbinati esattamente i suoni alle immagini ad essi attinenti.
Soggettista	Chi scrive un soggetto cinematografico.

Soggetto	Racconto che sta alla base del film.
Sonorizzare	Aggiungere la colonna sonora ad un film.
Sottotitoli	Dialoghi di un film proiettati in sovrimpressione per dar la possibilità di seguire il film anche ai non udenti o in traduzione per gli stranieri.
Sovrimpressione	Procedimento con cui un'immagine si sovrappone ad un'altra; ad esempio titoli e scritte che scorrono sull'inquadratura.
Stacco	Interruzione e passaggio da un'inquadratura ad un'altra.
Stella	Attrice cinematografica molto popolare.
Studio	Insieme di locali in cui si girano le scene di un film.
Teatro di posa	Vasto locale in cui si ricostruiscono ambienti scenografici che devono essere ripresi in un film.
Titoli di testa	Scritte che appaiono all'inizio del film indicanti il titolo del film e il nome dei partecipanti.
Troupe cinematografica	Gruppo di artisti, tecnici, operai che lavorano alla realizzazione di un film.
Truccatore	Esperto di cosmetica che provvede a truccare gli attori.
Zoom	Obiettivo cinematografico con distanza focale variabile che permette un cambiamento dell'inquadratura senza spostare la macchina da presa.
Zumare o zoomare	Avvicinare rapidamente la cinepresa o la telecamera al soggetto per ingrandire l'immagine.

SCHEMA RIASSUNTIVO DEI CONTENUTI LINGUISTICI E CULTURALI

TITOLO DEL FILM E DIFFICOLTÀ DI COMPRENSIONE	VARIETÀ LINGUISTICHE	CONTENUTI NOZIONALI-FUNZIONALI	CONTENUTI GRAMMATICALI	AREE LESSICALI	CONTENUTI CULTURALI
1. * Il ladro di bambini	varietà calabrese italiano informale italiano colloquiale	chiedere per sapere chiedere per avere invitare a fare ordinare offrire	pronomi personali imperativo	mare cibo mezzi di trasporto	- coste italiane - asma - maltrattamenti ai minori - Carabinieri
2. *** L'amore molesto	varietà napoletana dialetto napoletano	narrare fatti passati	passato remoto imperfetto indicativo passato prossimo trapassato prossimo	cibo sentimenti	- cucina italiana - Italia del II Dopoguerra - Napoli ieri e oggi - gelosia - maschilismo
3. ** Il portaborse	italiano standard varietà meridionale italiano colloquiale italiano di stranieri	chiedere per avere dissuadere dal fare esprimere un'opinione congratularsi	presente indicativo futuro espressioni di necessità o dovere	politica arte letteratura scuola	- corruzione politica - opere d'arte - esame di maturità - letterati e filosofi europei dell'800
4. * Un'anima divisa in due	italiano standard italiano di stranieri italiano informale italiano colloquiale	chiedere per sapere accusare rimproverare giustificarsi cercare di convincere	passato prossimo imperfetto indicativo presente indicativo potere, dovere, sapere "ne"	denaro famiglia	- zingari rom - pregiudizi - emarginazione - integrazione - ruolo della donna e dei figli
5. ** Il grande cocomero	italiano standard varietà romana italiano informale	salutare chiedere per sapere invitare a fare	presente indicativo passato prossimo preposizioni nelle espressioni di tempo	ospedali malattie	- ospedali italiani - epilessia - psichiatria infantile - rapporto genitori-figli
6. * Il toro	varietà settentrionale italiano informale italiano colloquiale italiano di stranieri foreigner-talk	chiedere per sapere narrare fatti passati descrivere cercare di convincere	imperativo infinito passato prossimo pronomi personali articoli preposizioni	bestiame misure di peso	- disoccupazione - commercio con i paesi dell'Europa orientale - Ungheria - caduta dei regimi comunisti dell'Europa orientale ex Jugoslavia
7. ** Johnny Stecchino	italiano standard varietà toscana varietà siciliana linguaggio burocratico	scusarsi offrire, accettare espimere giudizi descrivere narrare fatti passati rimproverare	aggettivi superlativi presente indicativo passato prossimo imperfetto indicativo	strada automobili legge	- vita da single - Palermo - Sicilia(Etna, siccità, traffico, mafia, "pentiti")

TITOLO DEL FILM E DIFFICOLTÀ DI COMPRENSIONE	VARIETÀ LINGUISTICHE	CONTENUTI NOZIONALI-FUNZIONALI	CONTENUTI GRAMMATICALI	AREE LESSICALI	CONTENUTI CULTURALI
8. ** Nel continente nero	italiano standard varietà settentrionale varietà toscana varietà siciliana italiano colloquiale italiano di stranieri	accusare rispondere alle accuse narrare fatti passati descrivere	presente indicativo imperfetto indicativo aggettivi periodo ipotetico	legge edilizia parentela motori Chiesa Cattolica animali e piante esotiche	- Africa, Kenya, - Malindi - villaggi turistici in - posti esotici - italiani all'estero - speculazione edilizia
9. * Belle al bar	italiano standard varietà toscana italiano colloquiale italiano di stranieri	chiedere per sapere narrare fatti passati rimproverare	congiuntivo imperfetto indicativo per azioni abituali passato prossimo periodo ipotetico	restauro medicina bevande vestiario	- omosessualità - crisi coniugali - superstizione - allergie
10. ** Mediterraneo	italiano standard varietà settentrionale varietà toscana varietà siciliana	narrare fatti passati cercare di convincere	espressioni di tempo espressioni di necessità imperfetto indicativo passato prossimo	esercito aviazione	- II Guerra Mondiale - 8 settembre 1943 - Resistenza - civiltà greca
11. *** Nuovo Cinema Paradiso	varietà siciliana dialetto siciliano	cercare di convincere a fare dissuadere dal fare esprimere opinioni narrare fatti passati	passato remoto imperfetto indicativo per azioni abituali verbi riflessivi congiuntivo dopo verbi di piacere e opinione	cinema lavoro	- Sicilia anni '50 - crisi del cinema - mestiere dell'operatore cinematografico
12. *** La scorta	italiano standard varietà siciliana varietà calabrese varietà romana italiano informale	esprimere desiderio esprimere dispiacere narrare fatti passati invitare a fare	futuro nel passato "vorrei che" + cong.	legge armi cucina	- mafia - magistratura - Pretura - Polizia/Carabinieri - scorta - Trapani
13. ** Verso sud	italiano standard varietà romana italiano informale italiano colloquiale	presentarsi chiedere per sapere chiedere per avere narrare fatti passati	presente indicativo passato prossimo condizionale	lavoro criminalità famiglia	- disoccupazione = criminalità - disgregazione - familiare =mense per poveri
14. ** Ladri di saponette	italiano standard varietà settentrionale varietà meridionale italiano informale italiano colloquiale	chiedere per sapere accusare giustificarsi controaccusare ordinare di fare ordinare di non fare	imperativo formale e informale imperativo negativo periodo ipotetico semplificato	lavoro cibo televisione cinema	- Italia del II - Dopoguerra - canzoni anni '40 - cinema neorealista - povertà e consumismo - film e pubblicità in TV

finito di stampare nel mese
di luglio 1997

I diritti di traduzione, di memorizzazione elettronica, di riproduzione
e di adattamento totale o parziale, con qualsiasi mezzo (compresi i microfilm
e le copie fotostatiche), sono riservati per tutti i paesi.